文史哲學集成

王更生著述

歲久彌光的「龍學」家

楊明照先生在「文心雕龍學」上的貢獻

文史哲出版社印行

國家圖書館出版品預行編目資料

歲久彌光的「龍學」家：楊明照先生在「文心雕龍學」上的貢獻 / 王更生著述. -- 初版. -- 臺北市 :文史哲, 民 89
面 ； 公分. -- (文史哲學集成 ；438)
ISBN 957-549-333-8 (平裝)

1.楊明照 - 學術思想 - 中國文學 2.文心雕龍 - 研究及考訂

820 89018062

文史哲學集成 ㊳⑧

歲久彌光的「龍學」家

楊明照先生在「文心雕龍學」上的貢獻

著述者：王更生
出版者：文史哲出版社
登記證字號：行政院新聞局版臺業字五三三七號
發行人：彭正雄
發行所：文史哲出版社
印刷者：文史哲出版社
臺北市羅斯福路一段七十二巷四號
郵政劃撥帳號：一六一八〇一七五
電話 886-2-23511028・傳眞 886-2-23965656

實價新臺幣一八〇元

中華民國八十九年十一月初版

ISBN 957-549-333-8

歲久彌光的「龍學」家 目次

——楊明照先生在「文心雕龍學」上的貢獻

一、書　影

書影一　採自一九九〇年六月印行之《文心同雕集》封裡首頁先生八十壽辰時之玉照。

黃叔琳注
李詳補注
楊明照校注拾遺

文心雕龍校注

書影二　此爲一九五八年中華書局印行的《文心雕龍校注》的封面。

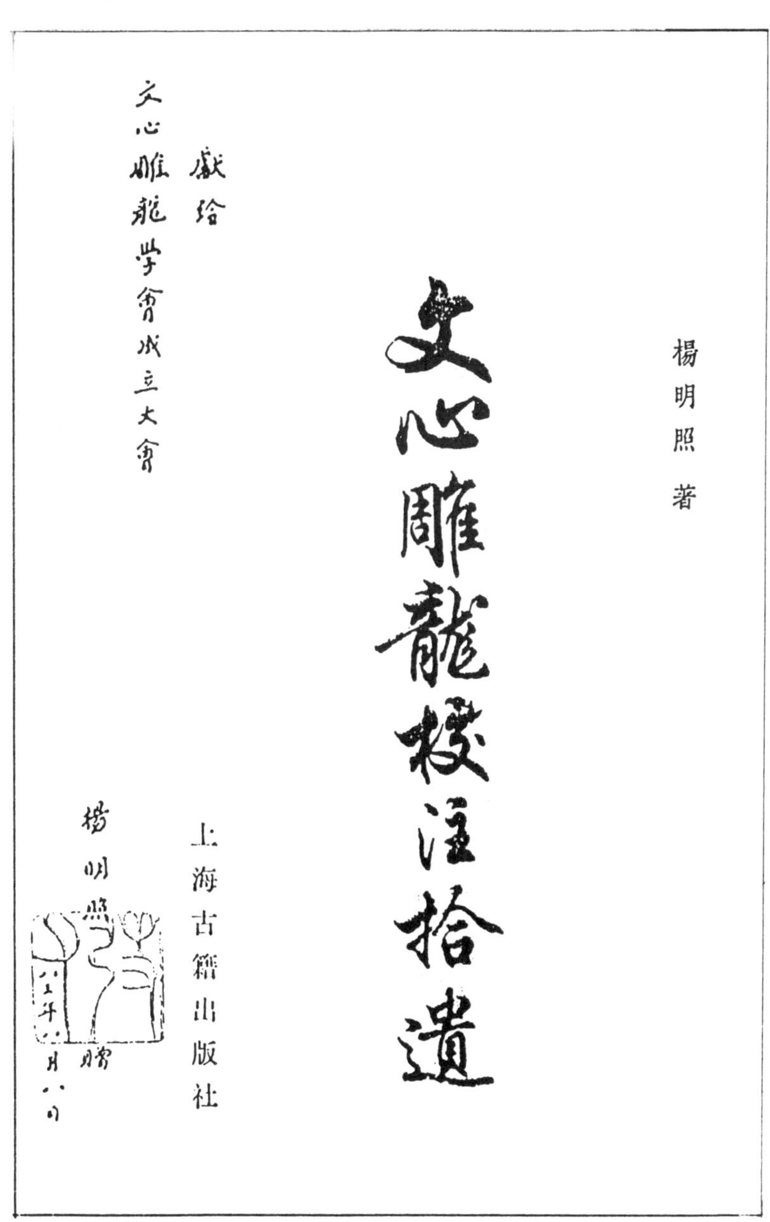

書影三　此為一九八二年上海古籍出版社發行的《文心雕龍校注拾遺》的封面。上有楊先生的簽名和篆文印章一枚。

按漢書馮野王傳：『野王、立相代爲太守，歌之曰：「……政如魯衛德化鈞。」』

蕭風詩於元后。

范文瀾云：『「詩於元后」，疑當作「詠於元后」。』

按『詩』字自通。史記樂書：『高祖過沛，詩三侯之章。』又司馬相如傳：『(封禪文)詩大澤之博。』其『詩』字正作動詞用也。

漢書霍光傳（昌邑）王曰：徐之，何乃驚人如是

盡其美者，何乃心樂而聲泰也！

按范注以『何』字屬上句讀，非是。史記李將軍列傳：『尉曰：「今將軍尙不得夜行，何乃故也？」』晉書明帝紀：『元帝異之。明日宴羣僚，又問之。對曰：「日近。」元帝失色曰：「何乃異間者之言？」』南史張融傳：『上（齊高帝）曰：「何乃遲爲！」』又沈昭略傳：『遇王景文子約，張目視之曰：「汝是王約耶？何乃肥而癡！」約曰：「汝沈昭略耶？何乃瘦而狂！」』中論智行篇：『俱謂賢者耳，何乃以聖人論之？』並『何乃』連文之證。論語八佾：『子謂韶，盡美矣，又盡善也。』集解引孔曰：『韶，舜樂名。』

贊……

史記[illegible]傳何乃[illegible]也 [illegible]哉

說苑建本篇何乃揭恐若火之明也

史記酈生陸賈傳辟陽侯曰平原君母死何乃賀我乎

又汲黯傳黯數質責湯於上前曰……何乃取高皇帝約束紛更之爲

遡姬文之德盛，周南勤而不怨。

世說輕詆篇周（伯仁）曰何乃刻畫無鹽以唐突西子也

三國志魏志陳矯傳太祖謂曰……何乃上父叔邪

按左傳襄公二十九年：『吳公子札來聘，……請觀於周樂。使工爲之歌周南、召南。曰：「美哉！始基之矣，猶未也。然勤而不怨矣。」』杜注：『周南、召南，王化之基。猶有商紂，未盡善也。未能安樂，然其音不怨怒。』舍人遺辭本此。黃、范兩家注所引均不愜。

書影四　此先生於《文心雕龍校注拾遺》出版後，仍感未安，賡續修訂，書眉及字裡行間的細注，皆先生手書新近所得的資料。

更生教授史席：

上文原載刊物名稱、題目及刊期，務請註明後寄下為感！順致（越快越好）

敬禮

楊明照載拜

98年3月18日於成都

拙著抱朴子外篇校箋已寄出 又及

中华书局稿纸 (15行×20字=300字)

書影五　此先生於一九九八年三月十八日給筆者的信。話雖不多，但書法端楷，一筆不苟，正見先生爲人治學的態度。

書影六　先生與筆者在北京歡敘的鏡頭。一九九五年七月底，由北京大學主辦，在北京皇苑大飯店召開的「《文心雕龍》國際學術討論會」，楊先生曾枉駕來訪。銀髯飄胸，目光有神，談笑間，手指口說，動見學養及長者風範。傍我邊坐者爲台灣萬能工技學院教授呂新昌先生。

歲久彌光的「龍學」家

——楊明照先生在「文心雕龍學」上的貢獻

王更生　述

二、概述

劉勰《文心雕龍》是我國藝苑的祕寶，文論的津梁。一千五百年來，從事研究者代不乏人。或手鈔、或翻刻、或評點、或賞析、或節引、或襲用，齊驅並馳，各擅勝場。但由於此書體大思精，取材浩博，若不詳爲校注，讀解已望而卻步，更遑論深入研究。所以「校勘」與「注釋」，實爲研究的首圖，「龍學」中的基本工夫。

宋朝辛處信，首注《文心雕龍》，而辛《注》亡於元明兵燹火燎間，不得識其大略。明王惟儉《訓故》、楊升菴《批點》、梅慶生《音註》出，對《文心雕龍》基礎建設，有明顯提高。然而後之論者，仍嫌其未備。清黃叔琳於雍正九年（一七三一），因舊本音註多訛，於是以梅本做基礎，加以友朋見聞，兼用衆說比勘；自以爲刊誤正訛，徵事數典，皆優於《訓故》《音註》遠甚。故自清中葉以來，黃叔琳《文心雕龍輯注》，在「龍學」研究的領域裡，幾乎獨領風騷兩個世紀。民初，南開大學教授范文瀾，又因《輯注》頗有紕繆，未饜人心，遂根據《輯注》，再參以孫仲容手錄顧千里、黃蕘圃合校本，譚復堂校本、鈴木虎雄〈校勘記〉，益以趙萬里校唐寫殘卷，成《文心雕龍講疏》。一九二五年交由天津新懋印書館印行，一九三一年，北平文化學社再版，一九三六年上海開明書店重新排印，更名爲《文心雕龍注》。是書向以旁徵博引，資料繁富見稱。由於西學東漸後，國內各大學多設有中文學系，而《文心雕龍》又爲中文系學生研習古代文論的選修課程。故此書一出，即全國風行。因爲它流傳廣，影響大，遂取黃氏《輯注》而代之，成近世「龍學」中的權威。

楊明照先生生於清廷遜位，五族一統的前夕，自幼即受蜀中山川的滋潤，大足藝術的薰染，家庭父兄的誘導；既長則以過人的智慧，決心獻身祖國學術文化的研究。一九二六年，先生十七歲，入大足縣立簡易師範，一九三〇年，錄取重慶大學文科預科，一九三一年，經著名詞學家吳芳吉的啓沃，和《文心雕龍》結下不解之緣的同時，也正是范文瀾《文心雕龍注》，經北平文化學社再版發行之日。先生曾自述其在研究過程中和范《注》的關係說：

記得我在重慶大學讀書時，對《文心雕龍》曾發生極大興趣。研閱既久，覺黃、李兩家注有補正的必要。偶有所得，便不揣簡陋，分條記錄；後得范文瀾先生注本，歎其取精用弘，難以幾及；無須強爲操觚，再事補綴。但既已多所用心，不願中道而廢，於是棄同存異，另寫清本。以後如有增減，必先檢范書然後載筆。〔一〕

一九三六年秋，先生入燕京大學研究院國文部，接受文學批評史家郭紹虞指導。一九三七年《文學年報》第三期，發表了〈范文瀾文心雕龍注舉正〉，一九五八年又由中華書局出版了《文心雕龍校注》，一九八二年，《文心雕龍校注拾遺》經上海古籍出版社發行後，認爲：

范《注》是在黃《注》的基礎上發展出來的，固然提高了一大步，有很多優點；但考慮欠周之處，爲數也不少〔二〕。

先生爲了採擷舊注的菁華，別創新疏，於一九八四年發表〈重新校注文心雕龍的初步設想〉一九八六年再發表〈運用比較方法研究中國文論〉，更在一九八八年，針對范《注》缺失，提出〈文心雕龍有重注的必要〉。此論雖屬草創，但以先生學而不已的精神，知難而進的毅力，再加上他腳踏實地的工夫，運用切實可行的方法，定能在耄耋之年，達成預期的理想。爲《文心雕龍》研究的史乘，樹立一塊嶄新的豐碑。

本文在寫作過程中，其立義選言，全部根據先生的論著，內容約分五部分：首先，將早期出版的《校注》，和後來發行的《校注拾遺》兩相比對，期能發現在編寫體例、資料運用、書末附錄，以及行文措詞各方面後出轉精的眞象；及其擺脫黃《注》、李《補》、范《注》而自成一家的成就。其次，針對《校注拾遺》下深探力求工夫，看先生引說就例，因例明法，即法窮理，對徵事數典的考索，以抉發其校注《文心雕龍》的態度和方法。再其次，是先生既一生以「龍學」爲研究的核心，則其對《文心雕龍》本文本義的校勘、注釋，文學理論的發微闡幽，劉勰生平事蹟的考察，〈隱秀〉篇補文的眞僞，〈滅惑論〉的寫作年代等，以觀其上考下求，旁推交通所獲致的豐碩成果。最後，以爲先生在學術領域裡，所以受到海內外學者的重視，必有促進其成功的動力，存乎其間；故一旦發爲文章，才能歷久彌光，可大可久。爲此，特別在結論中加以剖析。文末，爲節省讀者翻檢之勞，特殿以〈楊明照先生文心雕龍著作年表〉，俾便對照循覽。

先生學行醇篤，超逸時流，他的《文心雕龍校注拾遺》，風行海內外，在近世紀「龍學」研究領域裡，確乎是繼黃《注》、李《補》、范《注》之後，又一陶冶萬彙、組織千秋的鉅著。更生遠居台灣，因好劉勰之《文心雕龍》，而得讀先生書，並知其爲人，進而述其學。惟先生之造詣，廣大悉備，個人囿於識見；文中掛漏或言不盡意處，祈同道先進知我諒我。

王更生完稿於二〇〇〇年三月十五日

台灣台北市和平東路寓所

三、《文心雕龍校注》和《校注拾遺》的比較

自一九五八年先生之《文心雕龍校注》，經中華書局印行後，廣受學術界重視，以為高論宏裁，發前人所未發。一九八二年，上海古籍出版社又出版了先生精心結撰的《文心雕龍校注拾遺》，文長六十萬言；不僅在字數上、資料上作大量的增加，就是在結構、體例、內容以及行文措詞方面，較諸前著，均有大幅度地改變。一九八九年冬，先生於廣州參加「《文心雕龍》國際學術研討會」時，發表〈文心雕龍有重注的必要〉，九五年在北京參加「《文心雕龍》國際學術研討會」，再發表〈文心雕龍校注拾遺補正〉。對往日的研究成果，作自我的檢討與突破。現在筆者僅就後出的《校注拾遺》和早期印行的《校注》兩相比較，看一看先生後出轉精的眞象。

㈠編寫體例的比較

打開兩書封面，即可看到《校注拾遺》和《校注》在編寫體例上，有顯著的差異：如《校

注》分〈梁書劉勰傳箋注〉、〈目錄〉、〈附錄〉、〈引用書目〉、〈後記〉等五目；《校柱拾遺》則分〈書影〉、〈目錄〉、〈附錄〉、〈引用書目〉等四目，並將〈梁書劉勰傳箋注〉改列於目錄之後。〈附錄〉部分，最可見出先生經營的苦心，足以和《校注拾遺》等量齊觀。

《校注》分〈附錄〉爲〈劉勰著作二篇〉、〈歷代著作與品評〉、〈前人徵引〉、〈群書襲用〉、〈序跋〉、〈板本〉等六項；《校注拾遺》則分〈著錄〉、〈品評〉、〈采摭〉、〈因襲〉、〈引證〉、〈攷訂〉、〈序跋〉、〈版本〉、〈別著〉等九項。

兩書在內容方面亦有不同。茲以《文心雕龍》卷一〈原道〉篇爲例：《校注》首揭「原道第一」、次「正文」，又次轉錄「黃叔琳注」、「李詳補注」；然後再接「楊明照校注拾遺」。《校注拾遺》除「原道第一」的篇題，同乎《校注》之外，它不錄「正文」、「黃叔琳注」和「李詳補注」；並在擴大原有「校注」的規模，增加其條目，充實其內容後，獨立成書。

過去范文瀾注《文心雕龍》，除「校」與「正文」並行外，「注釋」時援引大量資料，使讀者不勝負荷。今先生的《校注拾遺》，正文詞頭用粗黑字單行列出後，再將黃〈注〉、李〈補〉、范〈注〉或他說，用細字較正文詞頭低一格，錄於次行。「按語」，則另起。編排上，高低有致，閱讀時有朗若列眉之快。此兩書相較後，在編寫體例方面《校注拾遺》較《校注》爲精審之一證。

(二)資料運用的比較

先生之所以作《校注》，根據〈後記〉自述，以爲：

> 通行的《文心雕龍》向來都認爲黃叔琳的《輯注》較好，後經李詳爲之〈補注〉，徵事數典，又有新的補充，但他們對於文字的是正，辭句的考索，還是有一些未盡的地方。……後得范文瀾先生的注本，歎其取精用弘，難以幾及，無須強爲操觚，再事補綴。但既多所用心，不願中道而廢。於是棄同存異，另寫清本〔三〕。

先生於二十四、五年在重慶大學讀書時，即開始聚材，一九三六年夏清寫成册，作爲畢業論文。當年秋，入燕京大學研究院，經郭紹虞指導，賡續研究，材料較前倍增。這部早先印出的《校注》和〈附錄〉，就是當時研究院論文的一大部分。持較後出的《校注拾遺》，在資料運用上，其詳略情形顯有不同。茲以〈原道〉篇的條目爲例：

《校注》本全篇注釋二十一條，《校注拾遺》則增加到三十八條，較前多出十七條。再就其選用的資料加以比較，如「五行之秀，實天地之心」句。《校注》本引黃叔琳校云：「一本『實』上有『人』字，『心』下有『生』字。」另行別起錄先生案語云：

元刻本、汪一元本、佘誨本、張之象本、兩京遺編本、胡震亨本、凌雲本、合刻五家本、四庫全書文津閣本、何允中漢魏叢書本、王謨漢魏叢書本、崇文書局本，並與黃校一本同。《禮記・禮運》：「故人者，其天地之德，陰陽之交，鬼神之會，五行之秀氣也。……故人者，天地之心也，五行之端也，食味、別聲、被色而生者也。」為舍人此文所本。疑原作「為五行之秀氣，實天地之心生。」下文「心生而言立」，即緊承「天地」句。〈徵聖〉篇贊：「秀氣成采」，亦以「秀氣」連文。陸德明〈經典釋文序〉：「人稟二儀之淳和，含五行之秀氣。」又其旁證[四]。

《校注拾遺》同條的內容：則首引黃叔琳校云：「一本『實』上有『人』字，『心』下有『生』字。」另行別起先生案語云：

元至正本、明弘治馮允中本、汪一元本、佘誨本、四部叢刊景印本、張之象本、兩京遺編本、何允中漢魏叢書本、胡震亨本、王惟儉訓故本、梅慶生萬曆音註本、凌雲本、合刻五家本、梁杰訂正本、祕書十八種本、謝恒鈔本、奇賞彙編本、漢魏別解本、清謹軒本、日本岡白駒本、尚古堂本、四庫全書文津閣本、王謨漢魏叢書本、鄭珍原藏鈔本、崇文書局本、文儷十三、諸子彙函二四，並與黃校一本同。梅慶生天啓二年校定本，「人」「生」二字無，各空一格。文朔本無「人」字。吳翌鳳校本作「人爲五行之秀，心實天地之心」。《禮記・禮運》：「故人者，其天地之德，陰陽之交，鬼神之會，五行之秀氣也。……故人者，天地之心也，五行之端也，食味、別聲、被色而生者也。」爲舍人此文所本。疑原作「爲五行之秀氣，實天地之心生。」下文「心生而言立」，即緊承「天地」句。〈徵聖〉篇贊「秀氣成采」，亦以「秀氣」連文。《春秋演孔圖》：「考氣爲人。」《文選》王融〈曲水詩序〉：「冠五行之秀氣。」陸德明〈經典釋文序〉：「人稟二儀之淳和，含五行之秀氣。」並其旁證〔五〕。

兩書相較，在同條資料上，《校注》本於校勘方面，使用了元刻本、汪一元本、佘誨本等十二種。《校注拾遺》本於此十二種外，又增加了明弘治馮允中本、四部叢刊景印本、王惟儉訓故本等十八種。在引書上，《校注》本引《禮記・禮運》以爲「爲舍人此文所本」，與《校注拾遺》相同外，《拾遺》本又擷取《後漢書・朗顗傳》引《春秋演孔圖》，和《文選》王融〈曲水詩序〉作爲旁證，坐實其校注之不虛。《拾遺》本不僅在校本方面培增於前，就是在校字上也匠心獨具。如《校注》本於「並與黃校一本同」下，細字附注：「按梅慶生本『人』、『生』二字無，各空一格。」而《拾遺》本則將此處校語改爲「梅慶生天啓二年校定本『人』『生』二字無，各空一格」，下增細注云：「當係就原版剜去者。」正見先生觀察入微，心眼細膩處。

再以〈徵聖〉篇爲例，《校注》本全篇只有十一條，《拾遺》本則增加到二十二條，適爲前書的一倍。再拿「文章昭晰以象離」句，看兩書之不同點。《校注》本首引唐寫本「晰」，作「晣」；「象」，作「效」。另行別起先生按云：

唐本並是。晰俗字，當以作晣爲正。《漢書・司馬相如傳》：「闇昧昭晣。」《後漢書・張衡傳贊》：「孰能昭晣。」《文選》何晏〈景福殿賦〉：「猶眩曜而不能昭晣也。」《古文苑》班婕妤〈擣素賦〉：「若荷華之昭晣。」並作晣。〈總術〉篇：「辯者昭晢。」正作晢，不誤。又〈正緯〉篇：「孝論昭晢。」〈明詩〉篇：「唯取昭晰之能。」亦當依唐本改作晣。象離，與上句象夬複，唐本作効是也（六）。

《拾遺》本於此條首引唐寫本「晰」作「晣」；「象」作「効」。徐𤊹「晢」校「晣」；張紹仁校「晢」。另行別起先生按云：

唐寫本並是。《玉篇・日部》：「晣，之逝切，明也。晢、𣈆並同上。」「晰」俗字，當以作「晣」爲正。何本、合刻本、梁本、岡本、尚古本、王本、崇文本作「晣」，不誤。《漢書・司馬相如傳下》：「闇昧昭晣。」《後漢書・張衡傳贊》：「孰能昭晣。」《文選》何晏〈景福殿賦〉：「猶眩曜而不能昭晣也。」《古文苑》班婕妤〈擣素賦〉：「煥若荷華之昭晣。」並作「晣」。〈總術〉篇：「辯者昭晣。」尚未誤。〈正緯〉篇：「孝論昭晣。」〈明詩〉篇：「唯取昭晣之能。」亦當從唐寫本改作「晣」。「象離」，與上句「象夬」複，唐寫本作「効」是也〔七〕。

兩書雖同校此條，但其行文布局，敘述層次，尤其在資料運用方面，差別極大。如校字：《拾遺》本援引何本、合刻本、梁本、岡本、尚古本、王本、崇文本與〈徵聖〉篇文對勘，證明作「晣」不誤。又〈司馬相如傳〉，於《漢書》分上下，而〈校注〉本只錄《漢書・司馬相如傳》、《拾遺》本於篇名加「下」字。《校注》本於引《後漢書・張衡傳贊》後，又以小字雙行注「章懷注：『晣，音制。』」而《拾遺》本改爲「李注：『晣音制』」。更生按：章懷太子名賢，爲唐高宗子，曾注《後漢書》，章懷，諡號。先生校《文心雕龍》，凡引注皆言姓氏，故此處將「章懷」改爲「李注」。又引《古文苑》班婕妤〈擣素賦〉、《校注》本作「若荷華之昭晣。」此句原作「煥若荷華之昭晣。」脫「煥」字，《拾遺》本補「煥」字。此兩書相較後，在資料運用方面，《校注拾遺》較《校注》爲精審之二證。

㈢書末附錄的比較

先生在《拾遺》本〈附錄〉前言有云：

劉舍人《文心雕龍》向爲學林所重。歷代之著錄、品評，群書之采摭、因習，前人之引證、攷訂，與夫序跋之多，版本之衆，均非其他詩文評論著所能比儗。惟散見各書，逐一繙檢，勢難周遍。今分別輯錄，取便省覽。其別著二篇及疑文數則，亦附後備攷〔八〕。

綜計所附資料，分著錄、品評、采摭、因習、引證、考訂、序跋、版本、別著等九類。較之《校注》本之所謂「劉勰著作二篇、歷代著錄與品評、前人徵引、群書襲用、序跋、板本」等六項。其間之分合、損益，歧互極大。尤其對資料的鈎稽，《拾遺》本以鋪天蓋地的方式窮搜冥索，凡與《文心雕龍》有關者，幾乎略無遺珠，茲比較說明如下：

〈著錄〉第一：

此即《校注》本附錄的〈歷代著錄與品評〉的一部分。《校注》本在〈著錄〉中輯得總集類者二種、別集類者一種、集部者二種、文集類者一種、古文類者一種、子雜類者一種、詩文名選類者一種、文說類者二種、文史類者八種、詩文評類者三種，合計二十二種。在〈品評〉中輯得總評全書者二十四家，分詳各篇者二十八家，合計五十二家。《拾遺》本在〈著錄〉項目中，輯得入總集類者三種，入別集類者二種、入集部類者二種、入古文類者一種、入詩文名選類者一種、入雜文類者一種、入子類者五種、入子雜類者二種、入文史類者九種、入文說類者三種、入詩文格評類者一種、入詩文評類者十七種，合計四十九種。在〈品評〉項目中，輯得總評全書者六十一家，分評各篇者四十三家。

兩書相較，《拾遺》本較《校注》本在〈著錄〉第一的分類方面多「雜文類、子類、詩文格評類」三種，著錄的作品多二十七種。在〈品評〉第二方面，類別相同，而家數多出五十二家。又《校注》本在〈品評〉中所列各家姓名上，不著朝代。《拾遺》本則加注朝代。如梁沈約、清林傳甲、近人魯迅等。〈著錄〉中有部分條文經過改動或增益。如入別集類者，首列「袁州本《郡齋讀書志》」，《校注》本將晁公武按語移入「〈品評〉㈡分評各篇」中。《拾遺》本將之改歸〈著錄〉後，並於晁公武說「晉劉勰撰」、「杜牧之以龍星爲眞龍」、「王摩詰以去病爲衛青」、「昔日譏之」、「論道經邦之言也」各句，詳加注釋。〈校注〉本於「書目」往往省略部類，如《隋書・經籍志》下只著「總集類」，《舊唐書・經籍志》下亦只著「總集類」；《拾遺》本則於《隋書・經籍志》下增「集部」，《舊唐書・經籍志》下增「丁部集錄」。不僅如此，《拾遺》本往往對正文之有疑難者，於各條之下，另加「附注」。如《隋書・經籍志》條「文心雕龍十卷」後附注：「雕爲琢文本字，古多假雕爲之。」又《世善堂書目》條「文心雕龍二十卷」後附按：「文心向無分二十卷者，陳氏書目多浮增卷帙，此其一也。」又《國史經籍志》條「辛處信文心雕龍十卷」後附按：「辛氏注明世已不復存，弱候蓋因仍舊志，非目睹其書也。」又《讀書敏求記》條「劉勰文心雕龍十卷」後附按：「『謝伯耳』起，至『聊自錄之』五十餘字，義門雖由馮跋鎔裁而成，然字句已有所易；且『兩君之心頗近於隘』云云，更非已蒼口吻。陳氏行文實誤。」觀附注內容：或諟正文字，或說明存佚，或攷訂違誤，均以精言要語，指陳得失所在，對讀者裨益匪淺。同樣的情形，也見於〈品評〉。如「總評全書」時，引明朱荃宰《文通・自敘》後附按：「來疥駝之譏者，乃北齊劉晝之〈六合賦〉、咸一既誤晝之〈六合賦〉爲《劉子》，又混《劉子》、《文心》爲一書，大謬。」同類又見於「清李義鈞〈縉山書院文話序〉」條後附按：「昭明出世之年，《文心》書且垂成，李氏說誤。」又「清林傳甲《中國文學史》第十三篇南北朝至隋文體十劉勰《文心雕龍》捌論文之體」條後附按：「林氏此文，多沿襲《四庫全書總目・詩文評類・小序》，及〈文心雕龍提要〉，因係我國編撰文學史之第一人，故特爲迻錄。」其內容或指陳語誤，或印證出處，皆能以扼要文字，直指問題本根。從這些細節可以看出兩書前後著錄的差異，及先生用力之勤和治學之嚴。

〈采摭〉第三：

《拾遺》本於〈附錄〉新增〈采摭〉一目。先生以爲：

舍人《文心》，翰苑要籍・采摭之者，莫不各取所需，多則連篇累牘，少亦尋章摘句。

其奉爲文論宗海，藝圃琳琅，歷代詩文評中，未能或之先也。涉獵所及，自唐至明，共得五十六書。清世較近，書亦易得，則從略焉〔九〕。

檢此五十六書的內容，有三分之一是從《校注》本原屬〈徵引〉中移入，如唐劉存《事始》、宋高承《事物紀原》、宋葉廷珪《海錄碎事》、宋潘自牧《紀纂淵海》、宋王應麟《困學記聞》、《玉海》、元潘昂霄《金石例》、元王淵濟《群書通要》、明吳訥《文章辨體》、明楊愼《丹鉛總錄》、明王三聘《古今事物考》、明陳耀文《天中記》、明陳文燭《翰苑新書序》、明彭大翼《山堂肆考》、明兪安期《唐類函》、明徐師曾《文體明辨》、明董斯張《廣博物志》、明陳懋仁《文章緣起注》、《續文章緣起》、明胡震亨《唐音癸籤》等。

〈因習〉第四：

《拾遺》本的〈因習〉第四，亦屬新增項目。先生以爲：

《文心》一書，傳誦於士林者殆遍。硏味既久，融會自深。故前人論述，往往與之相同，未必皆有掠美之嫌。或率爾操觚，偶忽來歷；或展轉鈔刻，致漏出處，亦非原爲乾沒。然探囊揭篋，取諸人以爲善者，則異於是，此又當分別觀也〔一〇〕。

此目自六朝至清代，將四十五書。其中二十一書係由《校注》原〈群書襲用〉中移入。但在各書稱謂及取材多寡方面，皆經先生重新調整，顯然有和《校注》本不同之點。如稱謂方面：

《校注》本原標目作「《金樓子》梁元帝」，《拾遺》本則於「梁元帝」下加「蕭繹」。《校注》本原標目作「《事物考》明王三聘」，《拾遺》本則改作「《古今事物考》明王三聘」。又《校注》本原標目作「《升菴詩話》明楊慎」，《拾遺》本則改作「《太史升菴文集》明楊慎」。在取材方面：《校注》本於《升菴詩話》選兩條，一爲卷一第十一頁下，次爲卷三第七頁下；《拾遺》本於《太史升菴文集》增選到六條，並分別見於卷二、卷四、卷五、卷六各頁。又《校注》本於明穆良孺的《茹古略集》止選一條，《拾遺》本則增爲兩條。所以在稱謂上《拾遺》本不但校《校注》本詳實，在取材上也擴大了《校注》本的範圍，內容更加充實。

〈引證〉第五：

《拾遺》本的〈引證〉第五，實際上就是《校注》本的附錄三〈前人徵引〉。根據《校注》本，前人徵引《文心》者有三十九家，而《拾遺》本增至一百三十二家，幾乎是《校注》本的四倍。又《校注》本的取材範圍，由唐至明，清代以下闕；但《拾遺》本卻自唐劉子玄的《史通》，直到近人余嘉錫的《古籍校讀法》。尤其《校注》本所收各家，在稱謂方面和《拾遺》本有不同之處。如《校注》本稱「劉子玄」，而《拾遺》本改稱「唐劉知幾」；《校注》本稱「空海」，《拾遺》本改稱「日本空海」。在取材方面，《拾遺》本範圍之廣，遍及四部；甚至平常罕見的學者及其作品，也都被先生弋釣所得。如明郭子章的《六語諺語序》、清李因篤的《漢詩音註張衡怨篇》、清馬位的《秋窗隨筆》、清曾廷枚的《香野漫鈔史類露布》，以及近人陳漢章的《論語微知錄》等，這些著作大多鮮爲人知，或知而不見，或見而未用，先生皆能一一甄擇，取爲〈引證〉的內容。識見之博，此爲一斑。

〈攷訂〉第六：

《拾遺》本的〈考訂〉第六，《校注》本無此目。據先生自述：

> 《文心》彌綸群言，通曉匪易，傳世既久，脫誤亦多。昔賢書中，間有零星考訂。其徵事數典，正譌析疑，往往爲明清注家所未具。特爲輯錄，以便參稽。孰得孰失，必有能辨之者〔三〕。

此目收自宋洪興祖的《楚辭補注》，至近人余嘉錫的《四庫提要辨正》。共得七十二家。凡入選者，皆以「正譌析疑」爲「明清注家所未具」的資料爲對象。如宋王應麟《玉海·聖文玉製箴贊頌》：「《文心雕龍》：『夏商二箴，餘句頗存。』原注：『《呂氏春秋》有〈商箴〉（按見〈應同〉篇）〈周箴〉（按見〈謹聽〉篇）。」又《困學紀聞·書》：「《文心雕龍》云：『《書》標七觀。』孔子曰：『六誓可以觀義，五誥可以觀仁，〈甫刑〉可以觀誠，〈洪範〉可以觀度，〈禹貢〉可以觀事，〈皐陶謨〉可以觀治，〈堯典〉可以觀美。』

見《大傳》。原注：『《孔叢子》云：「〈帝典〉觀美，〈大禹謨〉〈禹貢〉觀事，〈皐陶謨〉〈益稷〉觀政，〈泰誓〉觀義（按見〈論書〉篇）。」此其略異者。』」這裡的按語，爲先生校讀時所加。至於王應麟《玉海》和《困學記聞》中所附的「原注」，頗有進一步探討的必要。蓋兩宋之時，《文心雕龍》除辛處信注外，不聞有他。而辛注於元明後亡佚；此處所謂「原注」者，原書之注也。既爲《文心雕龍》原書之注，則定是王應麟以外的人所爲。多年前，我讀先生《校注》本後，特別檢核王應麟《困學紀聞》引《文心雕龍》所附的「原注」，遂以〈王應麟和辛處信《文心雕龍》關係之探測〉爲題，著爲專論（更生案、此文見於一九九一年五月台北文史哲印行《文心雕龍新論》），以爲王應麟之所謂「原注」，似即辛處信的〈文心雕龍注〉。是非然否，不敢專擅，願藉此就教於先生。

〈序跋〉第七：

〈序跋〉在《校注》本列爲〈附錄〉五，《拾遺》本置於〈附錄〉第七。其所以附列此目者。先生以爲：

> 《文心》卷末，原有〈序志〉一篇，於全書綱目，言之差備。今之所錄，則後人手筆，與舍人意趣，固不相同；然時移世異，銓衡自殊，其足卲者，正以此也。爰迻錄於次，以見一斑。至論述版本及校勘者，亦併錄焉〔三〕。

《校注》自元錢惟善序，到清葉德輝跋，共得三十一家。不過，錢惟善、馮允中兩家的序，因先生於當時未見原書，故只錄出處，序文從缺。《拾遺》本則自元錢惟善序，至近人趙萬里〈唐寫本文心雕龍殘卷校記序〉，共得四十五家，除將《校注》本缺脫的錢、馮二序補齊外，凡對原書序跋有疑問者，往往在正文之末，另以「附注」或「附按」進行考訂。如「元錢惟善序」後附注：

> 《四庫全書》本錢氏《江月松風集》無此序（全集十二卷皆詩無文）；清光緒八年所刊者，此序亦漏收（附文一卷中，漏收此序）〔三〕。

一般人於纂輯資料時，只要將原缺的補齊即可了事，而先生卻心細如髮，又拿《四庫》本錢著的《江月松風集》比對，以爲「有詩無文」，接著又和光緒八年晚出的刊本相較，以爲雖增列文章一卷，亦漏收此序。他這種追根究柢的精神，是先生成就龍學大業的重要因素，更爲當下學者所罕及。另外於「明張之象序」末附按：

> 張氏刻本，有初刻或原刻與改刻或覆刻之別，後附錄八有簡要說明。右序依據改刻本或覆刻本迻錄（「勰生而穎慧，甫七齡，乃夢彩雲若錦，則攀而採之。齒在踰立，則又嘗夢持丹漆禮器」三十二字，初刻或原刻本作「勰生而穎慧，七齡，夢彩雲若錦，攀而採之。齒在踰立，則嘗夢索源，又夢持丹漆禮器。」）改刻或覆刻伸縮遷就字數

之跡，甚爲顯然〔四〕。

先生對張氏刻本的初刻、原刻、改刻和覆刻的不同，以及爲遷就每行字數，刻者隨意將原序文字伸縮增減的情形，加以比對和考訂。足見先生實事求是和一絲不苟的敬業態度。

〈版本〉第八：

詳觀《文心雕龍》研究發展的進程，各代皆有不同的重點。唐宋以傳鈔爲主，元明以刊刻爲主，清代以校注爲主，民國以來則以學術理論的研究爲主。版本的刊刻又爲校注與學理探討的根本。學者從事研究，無不十分重視。先生於此注入了大量的心力。他說：

> 《文心》頗有異本，曾寓目者，無慮數十種，百許部，然多由黃氏輯注本出，未足尚也。餘皆一一詳爲對勘，亦優劣互呈，分別寫有校記，並識其行款。茲特簡述如後，於研討舍人書者，或不無小補云〔五〕。

綜理其在版本方面的收穫，《校注》本與《拾遺》本兩書顯有不同。如《校注》本於已見者計寫本二種、單刻本十一種、叢書本四種、選本十一種，共二十八種。其未見者，計寫本五種、刻本十八種、校本十二種，共三十五種。綜計其已見和未見者得六十三種。《拾遺》本於已見者計寫本八種、單刻本二十二種、叢書本十種、選本十三種、校本十九種，共七十二種。未見者計寫本五種，刻本二十三種、校本十五種、注本三種，共四十六種。綜計其已見和未見者得一百一十八種。兩書相較，則《拾遺》本多出五十五種。足見先生搜羅之勤，目見之廣。並對每一版本的庋藏、鈔寫、翻刻、版式等均有詳細的說明。如在「寫本」中對「明謝恆鈔本」的考訂，謝本現藏北京圖書館，先生考訂說：

> 卷末有馮舒硃筆手跋（原跋已見附錄七），知已蒼於天啓七年，從錢謙益借得錢允治本，而乞謝恆錄之者。（〈隱秀〉篇中允治鈔補之四百餘字，則爲已蒼自錄）。字書工雅，疏朗悅目，與爲葉林宗所影寫之《經典釋文》，諒無以異。黑格紙，白文。每半葉九行；行二十字。五篇相接，分卷則另起。」〔一六〕

對謝恆鈔本的來源，〈隱考〉篇的鈔補，書法的工雅，紙樣、行次、啣接、分卷，均有說明。又在「單刻本」中記載現藏上海圖書館的「元至正本」情形，先生考訂說：

> 卷首有錢惟善序（原序已見附錄七），知爲至正十五年刊於嘉興郡學者。字畫秀雅，猶有宋槧遺風。海內僅存之最早刻本也。惟刷印較晚，版面間有漫漶處（〈史傳〉、〈封禪〉、〈奏啓〉、〈定勢〉、〈聲律〉、〈知音〉、〈序志〉等篇皆有漫漶字句）。除〈隱秀〉、〈序志〉二篇有脫文（並非各脫一版。足見此二篇之脫文，非至「至正本」始）外，卷五亦缺第九葉（〈議對〉篇自「以儒雅中策」之「儒」字起，至〈書記〉篇，詳觀「四書」之「四」字止）。版心上魚尾上記字數，下魚尾下記刻

工（楊貴、楊茂、謝茂，或止有一謝字）姓名。白文。每半葉十行，行二十字。五篇相接，分卷則另起〔一七〕。

又於文末附注說：

黃丕烈所校元本，行款悉與此本同，字則有異，當非一刻。倫明所校元本，字既有異，行款亦復不同（每半葉九行，行十七字；首行題『《文心雕龍》卷之一』，次行題「梁通事舍人東莞劉勰撰」），則又另爲一刻也〔一八〕。

先生於「元至正本」的來源、書法、特點、漫漶、脫文，以及旁推黃丕烈、倫明所校元刻之爲異本，文簡義豐，如數家珍。其次，先生於自己家藏的「明鍾惺評合刻五家言本」亦有考訂云：

五家言爲道言（即《文子》）、德言（即劉晝《新論》）、術言（即《鬼谷子》）、辯言（即《公孫龍子》）、文言（即《文心雕龍》）五種。鍾惺「合而評之」（鍾氏敘五家言中語）者（《四庫全書提要》卷一三四子鄭雜家類存目十一曾著錄）。其書前有鍾氏及蔡復一敘（原敘已略見附錄二），惜皆未署年月。梅慶生萬曆《文心音註》本，所列音注校讎姓氏，鍾惺即在其中，是伯敬於舍人書固有說也。余見此本凡數部，相其紙墨，均比聚錦堂天啓二年所刻梅氏第六次校定《文心音註》本早；而此本（麗辭〉篇「微人之學」句所引梅氏「微當作擬」校語，乃出萬曆本而非天啓本（天啓本已改「微」作「擬」）。是此本刻於萬曆之季，固已信而有徵矣。每半葉九行，行二十字，篇各爲起止。註仍萬曆梅本，移附每卷後。楊愼、曹學佺、梅慶生、鍾惺四家評語，分別列諸眉端。〔九〕」

將鍾惺「評合刻五家言本」的內容，與同書他刻相比較，其刊刻時間、刻本款式、註與評語的位置，均有詳細交待，與一般言版本者，只注意刻本的時間、款式、行次、字數者不同。尤其所收版本中的「明謝恆鈔本」、「明徐𤊹校本」、「近人倫明校元至正本」、皆屬稀世奇珍，所謂「青囊無底，善本難求」，若非先生好學敏求，斷難有此成就。

〈別著〉第九：

《拾遺》本有〈別著〉一目，即《校注》本所謂「劉勰著作二篇」者。《校注》本只錄劉勰著作二篇，別無考訂文字，《拾遺》本於著作二篇外，尚輯得「疑爲劉勰之遺文」六條。尤其在各篇標題下及文末的考訂文字，最是先生用力所在。如首篇〈滅惑論〉下引唐釋神清《北山錄》卷二〈法籍典〉篇、宋釋德珪《北山錄註解隨函》卷上〈夷夏〉條。又卷下〈顧歡〉條，推證舍人此文寫作的目的，爲破顧歡的〈三破論〉而作。文末〈附案〉對〈三破論〉的作者顧歡及劉勰〈滅惑論〉的寫作時間，和兩文關係問題，作對照說明。〈梁建安王造剡山石城寺石像碑〉下，引《藝文類聚》卷七六、宋孔延之《會稽掇英總集》卷十六、《高僧傳》卷十三〈釋僧護傳〉、《梁書》卷二十二〈南平王偉傳〉，對碑文的名稱、來歷，梁建安的生平事跡，均一一徵實，證明「梁建安王」即太祖第八子蕭偉。文末〈附按〉，由碑文稱蕭偉之封號「建安王」，和「天監十五年，龍集涒灘，三月十五日，妝畫云畢」的記載，考之《梁書》卷二〈武帝紀中〉，肯定「舍人此文，作於石像落成之後，蕭偉尚未改封之前，即天監十五年三月，至十七年三月，兩年中也。」凡此說明，皆確鑿可信，使讀之者有昭晢發矇之感。

〈引用書目〉：

書末「引用書目」部分，前後兩書歧異，亦有可說者：如《校注》本錄引用書目二百四十四種。《拾遺》本則錄六百〇五種。後者多出三百六十一種，所錄各書的作者姓氏、版本出處，雖有微異，但於內容無傷，姑且不論。

四、先生校注《文心雕龍》的態度與方法

先生平生在「龍學」方面用力最勤，創獲最多的便是「校注」。而校注之能否引說就例，因例明法，即法求理；使例明則法明，法明則理明，理明而校注之功備。這和從事校注的態度與方法，有密不可分的關係。以下先言其校注《文心雕龍》客觀的態度，次言其完備的方法。

㈠客觀的態度

先生校注《文心雕龍》，大抵以舊刊精校爲依據。深究博考，不參加成見；反覆搜討，不遽下斷語；抉發文義，不穿鑿附會；不因個人一時的興會所至而越世高談。態度至爲客觀。茲擇其尤爲重要者，分別例示於下。

*1.*深究博考，不存成見：如於《文心雕龍》卷一〈辨騷〉篇校「漁父寄獨往之才」句中「獨往」一詞時，首引舊校，以爲「《楚辭補注》『往』作『任』」，附校語云：『一云「獨任，

當作獨往」。』徐𤊹校作『任』。《廣廣文選》作『任』。」先生於另行按云：

「任」字非是，「獨往」連文始見於淮南王《莊子略要》（見范文瀾引孫人和說），六朝人多用之。《南齊書・高逸傳序》：「次則揭獨往之高節」，《梁書・沈約傳》引〈郊居賦〉：「實有心於獨往」，又〈處士諸葛璩傳〉：「將幽貞獨往」，《抱朴子・外篇・刺驕》：「高蹈獨往」，《文選》謝靈運〈入華子崗是麻源第三谷詩〉：「且申獨往意」，江淹〈雜體詩許徵君首〉：「資神任獨往」，並其證。若作「獨任」，則與漁父所言不合矣〔三〕。

先生在並陳舊校各說之後，立斷作「任」非是。原因有三：先是「獨往」連文，早見於淮南王《莊子略要》；次是六朝人多用之，如《南齊書・高逸傳序》、《梁書・沈約傳》引〈郊居賦〉、《梁書・諸葛璩傳》等連引六家作品爲證；三，和屈原〈漁父〉的文義對照，以爲如非「獨往」，則與漁父所言不合。文行至此，則舊校之妄，和先生考校之眞，而非憑虛臆測者可知。

又校《文心雕龍・附會》篇「夫畫者謹髮而易貌」句中的「易貌」一詞。首引范文瀾說，以爲：「『易貌』疑當作『遺貌』，『遺貌』即『失貌也』。」先生於另行按云：

「易」字未誤。「易」，輕也；（《左傳・襄公》十五年杜注）「輕」，易也；

（《禮記・樂記》鄭注）此並無不合。「謹髮易貌」，即重小輕大之意。不必準《呂氏春秋・處方》篇、《淮南子・說林》篇之「失貌」而改「易」爲「遺」也〔三〕。

今之學者於古書文義窒礙難解處，往往因便改易，又曲爲之說。范文瀾根據《呂氏春秋・處方》篇、《淮南子・說林》篇改「易」爲「遺」，「易貌」即「失貌」。先生以爲「易」字不誤。並引《左傳・襄公》二五年杜注，《禮記・樂記》鄭注爲證。證明「輕」「易」二字通轉。「謹髮而易貌」者，即重小輕大意。駁范氏「疑當作」非是。可謂鐵證如山。先生校注《文心》，向不墨守一家，但其覃思精研，每舉一義，每校一字，足以令人宿疑冰釋。此皆深究博考，不參加成見的明證。

2. 行文立說，定有出處：一般人校注古書，或迷信古本，或迷信古注，或迷信類書與關係書。偏執一方，訛誤相傳，貽害後學，莫甚乎此。先生一本「無徵不信」的精神，對《文心雕龍》的詞疾義恙，多能在廣搜博攷，通其大例後，再下斷語，故能發疑正蒙，得其眞詮。如於《文心雕龍》卷四〈論說〉篇校「迄至正始，務欲守文」句，首引范文瀾注：「魏氏三祖，皆有文采。正始中，玄風始盛。高貴鄉公才慧夙成，好問尚辭，有文帝之風。蓋守文之主。」先生於另行附案云：

范說未諦，何休〈公羊解詁序〉：「斯豈非守文（徐疏：『守文者，守公羊之文。』）

持論，敗績失據之過哉！」《後漢書・張純・曹褒傳論》：「漢興，諸儒頗修藝文；及東京學者，亦各名家。而守文之徒，滯固所稟；……遂令經有數家，家有數說。章句多者，或乃百餘萬言。」又〈王充傳〉：「以為俗儒守文，多失其眞。」又〈黨錮傳序〉：「自武帝以後，崇尚儒學，懷經協術，所在霧會，至有石渠分爭之論，黨同伐異之說。守文之徒，盛於時矣。」是「守文」乃指今古學者之「滯固所稟」，拘牽文義而言，非謂「守文之主」也。又按「務欲」二字，疑有脫誤。當作「無務」（〈神思〉篇：「無務苦慮」，〈風骨〉篇：「無務繁采」。）或「不欲」，文意始順。下文「師心獨見」，正所謂不守文也〔三〕。

范文瀾望文生訓，以為魏廢帝曹芳「有文帝之風」，為「守文之主」。先生從兩方面深入觀察：一由詞義「守文」上看，一從上下文義上看。從詞義看：證之何休〈公羊解詁序〉、《後漢書・張純・曹褒・鄭玄傳論》、〈王充傳〉、〈黨錮傳序〉，發現各書之言「守文」者，其義皆指「滯固所稟」，「拘牽文義」；非謂「守文之主」。從上下文義看：「迄至正始，無欲守文」，故「何晏之徒，始盛玄論」，於是「聃周當路，與尼父爭塗矣」，因而有「蘭石之〈才性〉，仲宣之〈去伐〉，叔夜之〈辨聲〉，太初之〈本無〉，元輔之〈兩例〉，平叔之二論」，並「師心獨見，鋒穎精密，蓋論之英也。」細揣文義，則「務欲守文」和「私心獨見」上下欠合，遂疑「務欲」脫誤，當作「無務」或「不欲」；並引《文心雕龍・神思・風骨》篇中劉勰慣用語法爲證。行文至此，證據周延，無可質疑，乃斷言「范說未諦」。

范文瀾《文心雕龍注》，自一九二五年經天津新懋印書館發行後，一九三六年上海開明書店改版發行，一九六〇年香港商務印書館再增訂付印。此書在校勘方面大致依黃叔琳輯注本，再參以孫仲容手錄顧千里、黃蕘圃合校本、譚復堂校本、鈴木虎雄校勘記，以及趙萬里校唐人殘卷。於注釋方面，網羅古今，不限一家；至於師友之說，如黃侃《札記》，陳伯弢之言，皆在搜輯之列；其引典援證、釋文闡義，素以內容繁富見稱。先生早在一九三七年讀此書後，即於同年出版的《文學年報》第三期發表〈范文瀾文心雕龍注舉正〉，通計文中對范注說舍人書之未當者二十七條，誤黃評爲紀評者十四條。持此與五十年後的《校注拾遺》相較，有重、有增、有補，更多達百條。其中或駁范注之失檢，或指范氏妄涉他說，或言范說內容空泛，或明范注引書不愜人意，或疑范注持論無本，或諟正范氏於《文心》句讀之失當，或證成范說而補其不足，或藉范注提出個人看法，或根據字形文義駁范氏校字之非是，或直斥范氏校注犯疏懶之病。無一不洞察入微。由於先生膽識絕倫，所以中外學術界，凡奉范文瀾《文心雕龍注》爲治學津逮者，不可不以先生《校注拾遺》來發伏擿疑，爲療病之良藥也。

3.態度嚴謹，不輕下斷語：蓋《文心雕龍》傳世一千五百年，時更數代，書遭數厄，尤其經過傳鈔，翻刻之後，其文字的譌脫，句讀的舛誤，篇章的錯亂，無一不造成研讀的障礙。所以從事校注，倍感困難。先生於〈文心雕龍有重注必要〉一文中，對黃叔琳《輯注》，范文瀾《注》提出說明後，特別強調目前各《文心雕龍》注本，在「文字的是正」和「詞句的考索」上有所不足。所以先生於校注《文心》時，廣泛涉獵，斟酌取捨，絕不輕下斷語；免得一慮偶疏，失之千里。如校《文心雕龍》卷七〈情采〉篇「心纏幾務」中的「幾」字。首引他本，以爲「幾，凌本作『機』。」其另行按語則云：

> 以〈徵聖〉篇「妙極機神」，〈論說〉篇「銳思於機（此依元本、弘治本等；黃本已改作「幾」）神之區。」證之，「機」字是。《文選》嵇康〈與山巨源絕交書〉「機務纏其心」，爲此語所本。正作「機」。《宋書・王弘傳》：「參贊機務，」又〈裴松之傳〉：「而機務爲殷。」《梁書・徐勉傳》：「雖當機務，下筆不休。」〈孔休源傳〉：「軍民機務，動止詢謀。」並其旁證[三]。

此先生考校文字的正誤，首援《文心雕龍》本書字例，證明「機」字是。次引《文選》嵇康〈與山巨源絕交書〉，明舍人造語所本。再由《宋書・王弘傳》、〈裴松之傳〉、《梁書・徐勉傳》、〈孔休源傳〉等同代作品的文例爲旁證。又在〈論說〉篇「銳思於機神之區」的「機」下，用細字附注，說明元本、弘治本等未改，黃本已改「機」作「幾」。暗示黃本妄改，不足爲據。斷言「機」字爲是。足見先生持論元元本本，不僅舉證碻鑿，且膽大心細。

類此情形又見於校《文心雕龍》卷九〈時序〉篇「江左稱盛」中的「稱」字。先生首引他本，以爲「『稱』，弘治本、兩京本、訓故本作『彌』，《詩紀・別集》引同（汪本作『彌』、佘本作『禰』，馮舒云：『稱』，當作『彌』。」何焯云：『稱』，意改『彌』。」於另行附按則云：

「稱」俗作「称」（覆刻汪本即作「称」）「弥」又作「弥」，二字形近易誤。此當以作「彌」爲是。《說苑・修文》篇：「德彌盛者，文彌得。」即「彌盛」二字之所自出。〈章表〉〈書記〉兩篇，並有「彌盛」之文。《南齊書・劉瓛・陸澄傳論》：「執卷欣欣，此焉彌盛。」《南史・文學傳序》：「降及梁朝，其流彌盛。」《隋書・牛弘傳》：「（上表請開獻書之路）齊梁之間，經史彌盛。」張湛〈列子注序〉：「而寇虜彌盛。」成公綏〈正旦大會行禮歌〉：「於穆三皇，載德彌盛。」亦並以「彌盛」爲言〔二四〕。

先生運用先歸納後演繹的方法，推斷「彌」字爲是。接著覓得舍人造語所本，次引《文心雕龍》本書同文的字例爲證。認爲這樣證據還不夠完備，再引《南齊書・劉瓛・陸澄傳論》、《南史・文學傳序》、《隋書・牛弘傳》、張湛〈列子注序〉、成公綏〈正旦大會行禮歌〉等同代作品的例句，證明皆以「彌盛」爲言。是以先前推斷「彌」字爲是者，至此堅信無誤。這種先歸納後演繹的論證方式，印證先生原始要終，察曲以知其全，執微以會其通，絕不輕下斷語的態度。

4. 發伏闕疑，以俟君子：

從事校注，斷不可憑經驗立說，必須有一分證據，說一分話，有十分證據，說十分話。觀先生校注《文心雕龍》時，凡詞義有未徹底融會者，絕不逞臆強解，或憑虛揣測。往往以猶豫不定之詞，發伏擿疑，以俟君子，亦即《漢書・藝文志》所謂「不知則闕」的意思。如注《文心雕龍》卷七〈聲律〉篇「楚辭辭楚，故訛韻實繁」句中的「訛韻實繁」。先生按語云：

〈離騷〉：「民生各有所樂兮，余獨好脩以爲常，雖體解吾猶未變兮，豈余心之可懲。」又「勉升降以上下兮，求矩矱之所同；湯禹嚴而求合兮，摯咎繇而能調。」言楚辭古音者，各執一辭（或謂「常」當作「恆」，或謂「懲」古音「長」；或謂「調」古讀如「重」，或謂「調」從言周聲，周之本體從用，兼有「用」聲等。）以叶其韻。

舍人所謂「訛韻實繁，未審屬此類否」〔三五〕？

又校《文心雕龍》卷八〈隱秀〉篇「非研慮之所求也」句中的「求」字，先引黃校云：「元作『果』，謝改。」（梅校引謝云：「『果』，當作『求』。」）徐𤊹云：「『果』，一作『求』。」（謝鈔本作「求」）先生於另行按云：

「果」與「求」之形音俱不近，恐難致誤。疑原是「課」字，偶脫其言旁耳，〈才略〉篇：「然自卿淵已前，多俊才而不課學。」其用「課」字，誼與此同〔三六〕。

再如校《文心雕龍》卷九〈養氣〉篇「戰代枝詐，攻奇飾說」句中的「枝」字。首引兩京本、胡本、訓故本、岡本作「技」。徐𤊹校「枝」作「譎」。先生於另行按語謂：

「枝」與「技」於此均費解，與「譎」之形亦不近，恐非舍人之舊，疑當作「權」。權，俗作权。蓋初由權作权，後遂譌爲枝或技耳。此云「權詐」，正如〈諧隱〉篇「蓋意生於權譎」之「權譎」然也。《說文・言部》：「譎，權詐也。」揚雄〈尚書箴〉：「秦尚權詐。」（《類聚》四八引）《論衡・定賢》篇：「以權詐卓譎，能將兵御衆爲賢乎？是韓信之徒也。」《漢書・刑法志》：「春秋之後，滅弱吞小，並爲戰國，……雄桀之士，因埶輔時，作爲權詐，以相傾覆。吳有孫武、齊有孫臏、魏有吳起、秦有商鞅，皆禽敵立勝，垂著篇籍。當此之時，合縱連橫，轉相攻伐，代爲雌雄。……

世方爭於功利，而馳說者以孫吳爲宗。」並「權詐」連文，可證。又按劉向〈戰國策書錄〉：「是故始皇因四塞之固，……並有天下，杖於謀詐之弊。」「枝」或「技」，豈「杖」之誤歟？以其形最近，姑附識於此〔七〕。

校注工作不易，宋沈括於《夢溪筆談》二十五曾謂：「校書如掃塵，一面掃，一面生。」段玉裁〈與諸同志書〉論校書之難時也說：「校書之難，非照本斷字不譌不漏之難也，定其是非之難！」觀先生之校注《文心雕龍》，每校一字，每立一義，必有直證、佐證與旁證的相驗，字形相近相似的比對，聲類通轉的假借，然後才定其是非，否則，即如上述三例：一曰「舍人謂『訛韻實繁』，未審屬此類否？」再曰「疑是『課』字，偶脫其言旁耳。」三曰「恐非舍人之舊，疑當作『權』。」四曰「以其形近，姑附識於此。」皆發其伏、擿其疑，是非不定，以俟君子。這種不逞臆妄斷的態度，亦先聖「毋意、毋必、毋固、毋我」的意思吧！

㈡完備的方法

校注《文心雕龍》，既有如許困難，當從何著手而後可呢？欲明此道，須重方法。先生在〈漢魏六朝文學中幾條注釋的商榷〉一文中，開宗明義就說：

注釋古典文學作品，本是一件不大容易的事。特別是今天，要求比過去更高。既要詞求所祖，事探厥源，以明原著來歷；又要用新的觀點，方法和準確鮮明的語言，深入淺出地爲之疏通證明，以幫助讀者了解。這自然不是羅列故實，釋事忘義，或自我作故，望文生訓的注釋能夠勝任的了〔二八〕。

他認爲注釋古典文學作品的方法：一是考索原著徵事數典的出處；二是運用新的觀點和方法；三是以準確鮮明與深入淺出的語言從事表達。以下便根據這三點，來檢視先生校注《文心雕龍》的情形：

1. 考索原著徵事數典的出處：

徵事數典爲劉勰樂用，其所以如此，是因爲片言隻字，可以闡明比較繁複和隱晦的寓意，或利用讀者對史實先例的尊重，權威輿論的崇奉，以加強自己言論的說服力。故借用古事成辭，以引證或比喻的實況，增益文章的典贍氣氛。此即劉勰《文心雕龍・事類》篇說的：「據事以類義，援古以證今。」又說：「明理引乎成辭，徵義舉乎人事，迺聖賢之鴻謨，經籍之通矩也。」常人讀《文心》，輒以徵事數典過多爲苦，甚而因此廢書不觀者，也大有人在。先生校注〈文心〉，多能振葉尋根，明原典的出處，造語之所本。如《文心雕龍》卷一〈原道〉篇「至夫子繼聖，獨秀前哲」句中的「獨秀前哲」。先生校注云：

《孟子・公孫丑上》：「宰我曰：『以予觀於夫子，賢於堯舜遠矣。』子貢曰：『有生民以來，未有夫子也。』有若曰：『豈惟民哉！……聖人之於民，亦類也。出於其類，拔乎其萃，自生民以來，未有盛於孔子也。』」此舍人「獨秀前哲」語所本〔元〕。

此條黃氏不注，范氏雖注而語焉不詳，獨先生搜厥根荄，考得舍人徵事數典的出處。又校注《文心雕龍》卷三〈諧隱〉篇「尤而效之」句，首引黃校：「『而』，一作『相』。」馮舒云：「『相』，當作『而』。」（何焯校同）先生於另行按云：

「相」字蓋涉下而誤。黃氏從馮舒說改爲「而」，是也。（元明各本皆作「相」）《左傳・僖公》二十四年：「尤而效之，罪又甚焉。」又《襄公》二十一年：「尤而效之，其又甚焉。」當爲舍人所本〔三〇〕。

黃、范二家均校一作「相」，不言出處。獨先生窮源究委，找出舍人行文的本源所在。又校注《文心雕龍》卷四〈詔策〉篇「及馬援已下，各貽家戒」句。先生按云：

劉向集有〈誡子書〉（《御覽》四五九引），時在伏波前，舍人說小誤。繼援而爲家戒者，代有其人。《後漢書・陳寵傳》有陳咸〈戒子孫書〉，《三國志・魏志・王昶傳》有昶〈戒子書〉，《晉書・王祥傳》有祥〈遺令訓子孫文〉，《類聚》二三引有王修〈誡子書〉，《御覽》四五九引魏文帝〈誡子書〉，杜恕〈家事戒〉，顏延之〈庭誥〉等是也〔三〕。

黃注於此條僅言馬援〈家戒〉，而不詳其始末。范注稍詳其始末，而又不及其他，唯先生上考下求，援《御覽》四五九證劉向集中早有〈誡子書〉，舍人所謂「馬援已下，各貽家戒」，實非探本之論。過去黃雲門對盧文弨說：「人之讀書，求己有益耳；若子所爲，書並受益矣。」書既受其益，然後進而可明作者造語的本意。所以考索原著徵事用典的出處，是先生校注《文心雕龍》的重要方法。

2. 運用新的觀點和方法：

昔鄭樵著《校讎略》，研究聚書之法，勘書之法，分別源流之故，編次目錄之術。章實齋以爲「蓋自石渠天祿以還，學者所未嘗窺見者也。」王念孫著《讀書雜誌》，後人歸納其校書方法，除嚴對諸本外，更有八法六十四例。俞曲園著《古書疑義舉例》，恢廓王氏《淮南內書》《讀書雜誌》的成規，提出三十四條通例。一九一一年後，北京大學教授陳援菴著《元典章校補釋例》六卷，曾將古今校注方法，歸納爲對校法、他校法、本校法、理校法四種。觀先生校注《文心雕龍》，往往博採乾嘉諸老和通行的成規定例而靈活運用。如校注《文心雕龍》卷四〈論說〉篇「言不持正，論如其已」句，首引黃校後，另行附按云：

汪氏私淑軒原刻及覆刻，皆作「才不持論如其已」（元本、弘治本、佘本、兩京本、謝鈔本同）七字。黃校有誤。張本、胡本作「才不持論，寧如其已」，是也。（徐𤊹即於私淑軒本「如」字上方書一「寧」字。）當從之。《漢書・嚴助傳》「朔皐不根持論」，又〈東方朔傳贊〉「不能持論」，《風俗通義・十反》篇「范滂辯於持論」，《文選・典論論文》「然不能持論」，並以「持論」爲言。此爲評張衡〈譏世〉、孔融〈孝廉〉、曹植〈辨道〉之辭，謂所作不能持論，寧可擱筆也。（訓故本作「才不持論，如寧其已。」「如寧」二字誤倒〔三〕）。

先生校注此條，引黃校從汪氏私淑軒本作「才不持論，寧如其已」，但先生檢視私淑軒本原刻及覆刻，皆作「才不恃論，如其已」七字，於是斷言黃校有誤。再檢張本、胡本，始知「才不持論，寧如其已」的所從出，係徐𤊹校私淑軒本時，在「如」上增「寧」字。證明汪本原無「寧」字；「寧」字爲徐𤊹後加。王惟儉訓故本作「才不持論，如寧其已」，「如寧」二字誤倒。足證先生於校注《文心》時，皆親檢原著，不襲舊說，信以存信，疑以存疑，絕不迷信權威。這是先生新觀點之一。

又校注《文心雕龍》卷五〈奏啓〉篇「是以世人爲文，競於詆訶，吹毛取瑕，次骨爲戾；復似善罵，多失折衷」句，首引《御覽》「世人」作「近世」。另行先生附按云：

「世人」二字嫌泛，御覽所引是也。《宋書・荀伯子傳》：「（伯子）爲御史中丞。凡所奏劾，莫不深相謗毀，或延及祖禰，示其切直；又頗雜嘲戲，世人以此非之。」可資旁證。《韓非子・大體》篇：「不吹毛而求小疵。」《三國志・吳志・步騭傳》：「騭上疏曰：『伏因諸典校擿抉細微，吹毛求瑕，重案深誣，趨欲陷人。』」《史記・孔子世家贊》：「折中於夫子。」《索隱》：「〈離騷〉曰：『明五帝以折中。』王叔師云：『折中，正也。』宋均云：『折，斷也；中，當也。言欲折斷其物而用之，與度相中當也。』」〔三〕

此條校注的重點在句中「世人」「吹毛求瑕」「折衷」三個部分。先生首先證「世人」詞意浮泛，《御覽》引作「近世」是。其次再援《宋書・荀伯子傳》：「世人以此非之」，作爲旁證、反證「近世」爲當。接著又引《韓非子・大體》篇，《三國志・吳志・步騭傳》，證得「吹毛取瑕」的語源。再引《史記・孔子世家贊》和《索隱》。說明「折中」一詞的所本及其意義。先生論敘過程，不僅按照《文心》〈奏啓〉篇的行文次第，而且或校或注，皆層次井然，有條不紊。這是先生新觀點之二。

又校注《文心雕龍》卷四〈議對〉篇「宅揆之舉，舜疇五人」句。首引各本及《御覽」

校「宅」作「百」，「人」作「臣」，徐𤊹「宅」校作「百」，「人」校作「臣」。天啓梅本「人」改作「臣」。黃校「(人)一本作『臣』。」次引劉永濟《校釋》云：「按〈舜典〉：「舜新命六人，禹、垂、益、伯夷、夔、龍也。此作『五人』，疑誤。又〈舜典〉雖有『惠疇』、『疇若』之文，皆訓誰？此言舜疇五人，亦文不成義。『疇』乃『詶』之借字，亦作『譸』，魏元丕碑曰『譸咨群寮』是也。」另行先生附案：

「百」「臣」二字並是。「百揆」與上「洪水」對。《論語・泰伯》：「舜有臣五人，而天下治。」《集解》引孔曰：「禹、稷、契、皋陶、伯益也。」(〈聖賢群輔錄〉：「禹、稷、契、皋陶、益，右舜五臣，見《論語》。」)閻若璩《尚書古文疏證》四：「舜之佐二十有二人，其最焉者九官，又其最焉者五臣。」劉寶楠《論語正義》：「〈舜典〉言舜命禹百揆，棄爲稷，契爲司徒，皋陶爲士，益爲虞。此五人才最盛也。」是「五」字未誤。周生烈子：「舜嘗駕五龍以騰唐衢。」(《御覽》八一引)《抱朴子・佚文》：「舜駕五龍。」(《書鈔》十一引)五龍，亦即五臣也。「疇」，讀爲「籌」，《荀子・正論》篇「故至賢疇四海」，楊注：「或曰：『疇，與籌同。謂計度也。」是「疇」字於此，亦非不可解者。劉說誤[三四]。

此條首引各本校字，次引劉永濟《校釋》說，以爲舜疇五人，文不成義。然後先就校字進一步深考，認爲「百」「臣」二字並是。所以如此，因「百揆」和上句「洪水」對文見義之故。次就劉氏「五人」疑誤之說進行考證。於是引《論語・泰伯》篇，《論語集解》引孔曰，陶淵明〈聖賢群輔錄〉，閻若璩《尚書古文疏證》，劉寶楠《論語正義》，各家之說，證明「五」字不誤。再根據《御覽》十一引，周生烈子說，《書鈔》二十一引，《抱朴子・佚文》，證明「五龍」即「五臣」。最後訓「疇」字，以爲當讀爲「籌」。引《荀子・正論》篇楊注，「疇與籌同，謂計度也。」並非不可解。文行至此，則劉氏所謂「疑誤」和「文不成義」者，不但渙然冰釋，而且經過抽絲剝繭後，更別出新義。這是先生新觀點之三。

又校《文心雕龍》卷七〈聲律〉篇「是以聲畫妍蚩，寄在吟詠」句中的「蚩」字。首引何本、梁本、清謹軒本、岡本、尚古本、文溯本、王本、鄭藏鈔本、崇文本「蚩」均作「媸」。另行按語云：

> 「媸」字《說文》所無，古多以「蚩」爲之。《後漢書・文苑下・趙壹傳》：「孰知辨其蚩妍。」《文選・文賦》：「妍蚩好惡。」江淹雜體詩〈孫庭尉首〉：「浪跡無蚩妍。」劉峻〈辨命論〉：「而謬生妍蚩。」並不作「媸」。本書以「妍蚩」連文者凡四處，各本亦多作「蚩」。此文〈四聲論〉篇所引，亦作「蚩」。則舍人原皆作

「蚩」可知矣〔三五〕。

此先生援引各本證舍人下字。首引各本均作「媸」，而「媸」字《說文》無，則古多以「蚩」爲「媸」。於是繼而引《後漢書・文苑下・趙壹傳》、《文選・文賦》、江淹雜體詩〈孫廷尉首〉、劉峻〈辨命論〉，並不作「媸」。行文至此，已由各刻本對校，《說文》所無，以及各書文例爲佐證，證明「蚩」字是。但先生不以此爲充足條件，再照應《文心雕龍》本書以「妍蚩」連文之例。最後推定舍人原作「蚩」。這裡由直證、佐證、旁證，揭示舍人下字的慣例，這是先生新觀點之四。

其校注《文心雕龍》卷八〈比興〉篇「枚乘〈菟園〉云：『焱焱紛紛，若塵埃之間白雲』句中的「焱」字。先生按云：

從三火之「焱」與從三犬之「猋」，音義俱別，（《說文・焱部》：「焱，火華也。」音琰。又〈犬部〉：「猋，犬走貌。」音飆。）枚賦此段寫鳥，合是「猋」字。「猋猋紛紛」，蓋形容衆鳥「往來霞水，離散沒合」之變化多端，不可名狀。《文選》班固〈西都賦〉：「颮颮紛紛，矰繳相纏。」李善注：「颮颮紛紛，衆多之貌也。（《說文風部》曰：颮，古飆字也。」猋與颮通，是猋猋紛紛即颮颮紛紛。又〈東都賦〉「焱焱紛紛」，段玉裁《說文解字注》（卷十下焱部下）謂當作「猋猋炎炎」。

是「焱」、「猋」二字形近，固易互譌也〔三六〕。

〈比興〉篇「焱焱紛紛」的「焱」，先生以爲從三火的「焱」和從三犬的「猋」，雖然有別，但因二字形近，固易互譌。爲了證明此點，首引枚乘〈菟園賦〉，先肯定此段文義在寫鳥，必是「猋」字無異。接著以句形相近的班固〈西都賦〉「飈飈紛紛」李善注：「飈，古飆字也。」證明「猋」與「飈」通。再引班固〈東都賦〉「焱焱炎炎」段玉裁《說文解字注》，謂當作「猋猋炎炎」，文行至此，則「焱」與「猋」因形近易誤，以及〈比興〉篇的「焱焱紛紛」爲「猋猋紛紛」，已如鏡照形，晃朗可知。故梳理各書，獲致結論，這是先生新觀點之五。

3. 運用準確鮮明與深入淺出的語言：

昔何休解《公羊》，必檃括使就繩墨，賈逵治《左氏》，提綱領以挈都凡。故辨章學術，考鏡源流，須依循條理，執簡馭繁，方能曲暢其旨。觀先生校注《文心雕龍》，積四十年的苦心經營，幾乎到了衆美輻輳，表裡發揮，會之於心，應之於手的地步。雖然他惜墨若金，但語言卻準確鮮明，深入淺出。凡愛好《文心》的學者，展卷閱覽，必有事理明備的感覺。茲例示如次：

如校注《文心雕龍》卷三〈銘箴〉篇「昔帝軒刻輿几以弼違」句。首引唐劉存《事始》、宋高承《事物紀原》、明王三聘《事物考》、宋本《太平御覽》，另行先生按語云：

諸書所引，皆有脫誤。《帝王世紀》：「（黃帝）或曰帝軒。」（《御覽》七九引）《中論・治學》篇「帝軒同鳳鳴而調律」，《抱朴子・內篇・對俗》「帝軒候鳳鳴以調律」，《文選》張衡〈思玄賦〉「會帝軒之未歸兮」，又顏延之〈赭白馬賦〉「昔帝軒陟位」，是稱黃帝爲「帝軒」之證。《書・益稷》：「予違汝弼。」此「弼違」二字所自出。（〈諧隱〉篇「其次弼違曉惑」，亦以「弼違」二字連文。）「輿几」與下句「筍簴」相儷。唐寫本作「昔帝軒刻輿几以弼違」，與今本正同。又按《國語・楚語上》：「左史倚相曰：『……在輿，有旅賁之規；……倚几，有誦訓之諫。』」韋注：「規，規諫也。誦訓，工師所誦之諫，書之於几也。」李尤〈几銘序〉：「昔帝軒仁智恭恕，恐事之有闕，作倚几之法。」（《書鈔》一三三、《御覽》七百一十引）張華有〈倚几銘〉，見《書鈔》一三三及《御覽》七百一十引。）據此，則「輿几」似爲二物〔三七〕。

此條內容相當複雜，綜覽《校注》，大致分三個部分：首先考證尊「黃帝」爲「帝軒」的語源；其次是「弼違」二字連文的出處；三是「輿几」一詞的名義與用途，是二物或一物？先生在考鏡過程中，先斷言諸書所引皆有脫誤。然後臚列《帝王世紀》、《中論・治學》

篇、《抱朴子・內篇・對俗》、《文選》張衡〈思玄賦〉、顏延之〈赭白馬賦〉等六種文獻，是尊黃帝爲「帝軒」之證。接著引《尚書・益稷》，爲「弼違」一詞的所自出；又引《文心雕龍・諧隱》篇「弼違曉惑」之語，證「弼違」二字連文，《文心》已有其例。繼而引唐寫本《文心雕龍》、《國語・楚語上》、李尤〈几銘序〉、張華〈倚几銘〉等文，言「帝軒……在輿，有旅賁之規；倚几，有誦訓之諫」，判斷「輿」與「几」似爲二物。連同用爲佐證的《書鈔》、《太平御覽》，全條共十三種資料，除去標點符號，得二五五字，拿引用的資料和敘述性文字相較，幾乎占了三分之一。以此極少量的文字，來處理三部分的問題，想見先生在語言的運用上，的確是以精準明確的詞彙，表達理圓事密的理論，而且深入淺出，層次清晰。足以說明他駕馭語言文字，有「以少勝多」的特色。

一九六一年四月二日，先生在《光明日報・文學遺產》第三五七期，發表〈論著應重視引文和注明出處〉一文，開宗明義就強調：

> **引文必須忠實，注出處必須明確，這是對一篇文章的起碼要求；也是作者應該注意到的事項。**

於是他提到當前學者在重視引文方面的不良現象，計有：

㈠誤乙爲甲，張冠李戴。

(二)不審原文，強就己意。
(三)尋章摘句，不顧上下文意。
(四)斷句不當。
(五)起訖欠妥。
(六)字句錯落。
(七)任意增删。

至於在注明出處方面的通病，計有：

(一)不注出處，只舉書名。
(二)雖注出處，注不明晰。〔三八〕

拿以上所講的情況，來檢視先生的《文心雕龍校注拾遺》，無不引文有據，出處明確，即令是細微末節，只要和校注有關而又爲申明原典文義所需者，無不交代得綱舉目張，次第分明。不僅如此，就拿他發表的短篇論文來說：如一九六二年在《成都晚報・學術討論》第一期寫的〈讀梁書劉勰傳札記〉，一九七八年在《四川大學學報・社科版》第四期寫的〈劉勰卒年考〉，一九七九年五月十二日於《古代文學理論研究叢刊》第一輯發表的〈劉勰滅惑論撰年考〉，一九七八年發表於《文史》第五輯的〈文心雕龍研究中值得商榷的幾個問題〉，每一篇文章除了附辭會義，提綱挈領之外，更是「外文綺交，內義脈注，跗萼相銜，首尾一體。」〔三九〕尤其在〈值得商榷的幾個問題〉中，談到《文心雕龍》流傳的時間既久，從事疏證或刊誤的也代不乏人的時候，特別強調「使用語言問題」。他說：

> 在某些同志的論著中，往往拿一些現代文藝理論中所使用的語言去美化《文心雕龍》。如簡介〈通變〉篇贊文的大意，說「作家應該果斷地抓住時機，在時間的前列，注意文學發展的新動向。」解釋〈附會〉篇「驅萬塗於同歸，貞百慮於一致」的涵義，不是說「用一個目標把紛紜的思緒統一起來，用一根紅線把複雜的材料貫穿起來」；就是說要避免「事件沒有中心，人物失去性格，情節陷於錯亂」；闡述劉勰的風格理論，說他已經認識到「要求作家必須深入社會生活，使自己的思想感情與時代的精神相合拍。」推斷劉勰要求的「博覽」，說「不僅是多讀書的問題，而是包含了理論與實踐聯繫的問題。」論證劉勰要求的「典雅」，說是要「反映群眾的呼聲，要求人民生活中起著積極的作用。」這些崇高而美好的語句，太現代化了。一千四百多年前的劉勰，恐怕是既不曾這麼想，也不會這麼說的吧！像這樣的從事美化，不僅非劉勰的初料所及，超出了《文心雕龍》原來的意思；而且還會在讀者當中造成一種「古已有之」的不良影響哩〔四〇〕！

先生所謂「準確鮮明與深入淺出的語言」，不僅指「校注」過程中行文措辭的簡潔明暢，引書引說要舉證確鑿，歸納演繹應理圓事密，更必須在注釋、翻譯時，要適切配合劉勰著述的時代和背景，合乎《文心雕龍》的本文本義，既不可畫蛇添足，也不能立異鳴高，必須本乎「古爲今用」的原則，對劉勰《文心雕龍》作全面而深入的研究，取其菁華，棄其糟粕，所謂「覽華而食實，棄邪而採正，極睇參差，亦學家之壯觀也。[四二]」正是先生對《文心雕龍》做深探力求的基本態度。

五、先生研究《文心雕龍》的創獲

先生自一九三一年，於重慶大學預科二年級，受吳芳吉先生啓沃後，開始和劉勰《文心雕龍》結下不解之緣。在這長達六十多年的時光裡，雖然先生博涉四庫，網羅多方，但其大部分的時間，大多環繞著魏晉南北朝的學術思想而殫精竭力，其中又以《文心雕龍》作樞紐他全部學術生命的關鍵。一九八〇年他在《四川大學學報．社科版》第二期，發表〈文心雕龍校注拾遺前言〉，該文文末說：

> 徵事數典，是魏晉以降文人日益講求的伎倆。劉勰自然也未能免俗，在他的筆下，四部學籍，任其驅遣，倒也「用人若己」，宛轉自如；卻給讀者帶來了不少困難。儘管已有王惟儉、梅慶生、黃叔琳、李詳、范文瀾諸家的注釋，但仍有疑滯費解之處，需要繼續鑽研和抉發。

接著又說：

> 由於《文心雕龍》流傳的時間久，在輾轉鈔刻的過程中，孳生了各式各樣的謬誤；或

脱簡、或漏字、或以音訛、或以文變，不一而足。前人和時賢在這方面做了不少工作，對我們今天的研究有極大的幫助。但落葉尚未掃淨，還有再事點勘。因爲一字一句的差錯，並不是無關宏旨的(四二)。

先生本著「知無涯，學不已」的精神，和「勤讀書」、「勤動手」、「勤用思」的困知勉行的毅力，以數十年的覽涉所得，其在《文心雕龍》研究上所獲致的豐功偉績，可從他的校注、理論、雜考三個層面窺其大端。

(一)校注方面的成就

先生校注《文心》，精審綿密、資料周延。其體大思精處，不僅爲「龍學」研究者提供方便，更因爲他那種參互考校，匡違補苴的治學方法與態度往往在發疑正讀方面，發明劉勰行文條例，有凌駕前人的成就。

劉勰之著《文心》，無一處無來歷，無一句無出處。其中字例、詞例、句例、文例以及習慣用語等，層見疊出，垂手可得，先生從事校注，對此頗能發前人之所未發，多有創見。例如：

1. 舍人下字之例：

其校《文心雕龍》卷二〈明詩〉篇「按召南行露」的「召」字。首引唐寫本作「邵」，宋本、鈔本、鮑本、《御覽》引同。「召」「邵」，音同形別，《文心》用「召」，而各本作「邵」，是非難辨。先生按云：

〈詩大序〉：「故繫之召公」，《釋文》：「『召』本亦作『邵』，同上照反；後『召南』、『召公』皆同。」舍人用字，多從別本；再以〈詮賦〉篇「昔邵公稱公卿獻詩」相證，此必原作「邵」也〔四三〕。

推斷舍人下字有多從別本的習慣。又如校注《文心雕龍》卷六〈神思〉篇「仲宣舉筆似宿搆」句中的「搆」字，別本也有作「構」的從「木」。先生按云：

「搆」，當依別本作「構」，已詳〈雜文〉篇「腴辭雲搆」條。

檢卷三〈雜文〉篇「腴辭雲搆」句，首引唐寫本作「構」；《御覽》五百九十引同。先生按云：

「構」字是。「搆」乃「構」之俗。〈比興〉篇「比體雲構」，〈時序〉篇「英采雲構」，並其證〔四四〕。

經過比對全書行文之例以後，推定「搆」字當從別本作「構」為是。

2.舍人措詞之例：

其校《文心雕龍》卷一〈原道〉篇「益稷陳謨」句中的「陳謨」一詞。黃校云：「元本作陳謀。」另行先生案云：

> 《御覽》引作「謨」，楊改是也。〈麗辭〉篇：「益陳謨云：『滿招損，謙受益。』」，亦以『陳謨』爲言。《後漢書・崔寔傳》：「（政論）故皐陶陳謨，而唐虞以興。」是「陳謨」二字，固有所本也。〔四五〕」

此條證明劉勰於《文心》措詞，全書一律，皆有所本。於是先生便利用全書通行的詞例來考校文字的正譌。如校《文心雕龍》卷二〈明詩〉篇「婉轉附物」句的「婉」字時，按云：

> 以〈章句〉篇贊「宛轉相騰」，〈麗辭〉篇「則宛轉相承」，〈物色〉篇「既隨物以宛轉」例之，作「宛」是。且「宛轉」連文，見於《莊子・天下》篇〔四六〕。

此以全書各篇「宛轉」的詞例、勘校「宛」是「婉」非之例。

3.舍人行文之例：

其校注《文心雕龍》卷四〈詔策〉篇「豈直取美當時，亦敬慎來葉矣」句。謝兆申疑作「亦以」，憑空臆測，難以取信。先生則以全書行文之例證之，云：

> 以〈練字〉篇「豈直才懸，抑亦字隱」例之，「亦」上似脫「抑」字。〈哀弔〉篇「抑亦詩人之哀辭乎」〈物色〉篇「抑亦江山之助乎」，亦並以「抑亦」連文〔四七〕。

此不僅駁謝氏「疑作」之誤，且證得文有脫漏。又於《文心雕龍》卷六〈神思〉篇校「暨乎篇成，半折心始」中之「篇成」一詞時，按云：

> 「篇成」二字當乙，始能與上句之「搦翰」相對。《宋書・范曄傳》：「〈獄中與諸甥姪書〉文章轉進，但才少思難，所以每於操筆，其所成篇，殆無全稱者。」足與此說印證。〈知音〉篇有「豈成篇之足稱」語[四八]。

從同書他篇，和同代他作比對，不但舍人行文造語的體例可知，並就此進一步推斷「篇成」二字當乙，始能和上句的「搦翰」對文成采。這種推論的結果，是正確的。

4. 六朝人習慣用語之例：

其校注《文心雕龍》卷一〈詮賦〉篇「張衡〈二京〉，迅發以宏富」的「發」字，黃校作「拔」，唐寫本、元本、弘治本、活字本、汪本、佘本、張本、兩京本、胡本、訓故本、文津本皆作「拔」；《御覽》、《類要》、《新箋決科古今源流至論前集二》、《經史子集合纂類語九》引同。「發」乎？「拔」乎？各有依據，殊難決定。先生按云：

> 作「拔」是。「發」蓋涉上下文而誤。六朝人習用「拔」字。如《晉書・文苑・袁宏傳》「辭又藻拔」，《梁書・文學上・庾肩吾傳》「謝客吐言天拔」，又〈吳均傳〉「均文體清拔」，《世說新語・文學》篇「支道林……出藻奇拔」，《詩品中》「氣

> 調勁拔」，蕭統《陶淵明集序》「辭采精拔」，是也。本書〈明詩〉篇「景純仙篇，挺拔而爲俊矣」，〈雜文〉篇「觀枚氏首唱，信獨拔而偉麗矣」，〈隱秀〉篇「篇中之獨拔也」。其用「拔」字誼與此同〔四九〕。

先生遍檢《晉書》以下的各種作品，證明「拔」爲六朝人行文造語的常用詞彙，以此常用詞彙校〈詮賦〉篇的「迅發」的「發」字，推斷「拔」字是，「發」蓋涉上下文而誤。論證碻鑿不刊。又如校《文心雕龍》卷九〈附會〉篇「寄深寫遠」句，元本、活字本、作「寄在寫遠」、《喻林》八八引同；弘治本、汪本、佘本作「寄在寫遠送」；張本、何本、萬曆梅本、凌本、合刻本、梁本、祕書本、謝鈔本、岡本、尚古堂本，作「寄在寫以遠送」，《文通》引同；兩京本、胡本作「寄深寫遠送」，吳翌鳳云：「作『寄深寫遠』，與上四字作對。」比對各本，或作「寄在寫遠」，或作「寄在寫遠送」、或作「寄在寫以遠送」、或作「寄深寫遠送」，或作「寄深寫送」，各家持論，莫衷一是。先生按云：

> 諸本皆誤，疑當作「寄在寫送」。「寫送」，六朝常語。已詳〈詮賦〉篇「迭送文契」條〔五〇〕。

檢〈詮賦〉篇「迭送文契」條的按語是：

> 作「寫送文勢」是也。「寫送」二字見《晉書・文苑・袁宏傳》及《世說新語・文學》

篇注引《晉陽秋》。《高僧傳・釋曇智傳》：「雅好轉讀，雖依擬前宗，而獨拔新異，高調清徹，寫送有餘。」又附〈釋曇調〉：「寫送清雅，恨功夫未足。」亦並以「寫送」為言。《文鏡祕府論・論文意》篇：「開發端緒，寫送文勢。」正以「寫送文勢」成句。今本「迭」「契」二字，乃「送」「勢」之形誤，致文不成義〔五一〕。

文行至此，則「寫送」之為六朝常語，已為不爭之事實，〈附會〉篇「寄深寫送」之為「寄在寫送」，〈詮賦〉篇「迭送文契」之為「寫送文勢」，得此亦可渙然冰釋，怡然理順了。

5.《文心》釋名，概以二字為訓之例：

其校注《文心雕龍》卷三〈銘箴〉篇「箴者，所以攻疾防患，喻鍼石也」句。唐寫本於「箴者」下有「針也」二字。先生按云：

本書釋名，概繫二字為訓，此應從唐寫本增「針也」二字〔五二〕。

此例又見校注卷三〈誄碑〉篇「誄者，累也」句。《御覽》引無「累也」二字。先生按云：

「累也」二字當有，始與本書釋名例符〔五三〕。

足見先生治《文心》，由於熟讀成誦，胸有成竹，一旦發伏、或脫、或漏、或譌、或衍，即如庖丁解牛，應聲立辨，不勞經營也。

6.《文心》贊語，無重複文字之例：

其校注《文心雕龍》卷四〈檄移〉篇「移寶易俗」句。徐𤊹云：「『寶』當是『風』字，本文有『移風』之語。『移寶』，於義不通。」黃校云：「『寶』一作『實』。」兩說雖屬臆測，但論點亦不無可取。先生按云：

> 徐說亦未可從，若改作「風」，與下句之「風邁」複，本書贊文無是例也〔五四〕。

此先生由《文心》五十篇贊文皆無文字重複的事實，推定徐𤊹「寶」當是「風」字的說法不可從。不僅掌握了舍人行文造語的通例，同時，也證明了徐氏改字之妄。

7.《文心》選文稱名之例：

其校《文心雕龍》卷七〈麗辭〉篇「長卿上林賦云」句。黃校云：「『賦』字元脫，補。」此沿梅校，看似不誤。然先生按云：

> 本書引賦頗多，其名出兩字外者，皆未箸賦字，此不應補。〈通變〉、〈事類〉兩篇，並有「相如上林云」之句，尤爲切證。梅氏補一「賦」字，蓋求與下「宋玉神女賦云」句相配耳。其實此「賦」字乃淺人所增。匪特與本書選文稱名之例不符，且與下「仲宣登樓」、「孟陽七哀」二句亦不相偶也〔五五〕。

同樣的例子，又見於《文心雕龍》卷八〈比興〉篇校「賈生鵩賦」句，顧廣圻、譚獻均認爲「『賦』當作『鳥』。」先生按云：

顧、譚說是。此段所引〈高唐〉、〈菟園〉、〈洞簫〉、〈長笛〉、〈南都〉諸賦，皆未箸賦字，此亦應爾。〈詮賦〉篇亦引〈菟園〉、〈洞簫〉、〈鵩鳥〉諸賦，而「鵩鳥」正不作「鵩賦」[五六]。

如將前後兩文對勘，可見舍人選文稱名，多不著文體的通例。

(二)理論方面的成就

我讀先生一九五七年十二月，因《文心雕龍校注》〈後記〉[五七]，在這篇文章的末尾，自述：

從前只在字句間和資料上注意，沒有從全書的思想內容進行探討，實在有點不慊於心。

其實根據我手邊的資料，自一九五七年十二月以後，先生在《文心雕龍》理論上的建樹，有十分顯著的成就。其中可得而述者如一九六二年，原載於《文學遺產增刊》第十一期的〈從文心雕龍「原道」「序志」兩篇看劉勰的思想〉。同年發表於《四川文學》二月號的〈劉勰論構思〉、十月號的〈劉勰論煉意煉辭〉，一九八〇年發表於《四川大學學報・社科版》第二期的〈文心雕龍校注拾遺前言〉，一九八五年發表的〈從文心雕龍看中國古代文論史、論、評結合的民族特色〉，或宏觀，或微觀，或全面，或部分，都是在中國文學理論上具有特殊建樹的作品。其中尤以〈文心雕龍校注拾遺前言〉，最是綱舉目張的結構。全文雖然分爲三部分，但內容卻是籠罩劉勰生平，根柢文心精義。以他數十年窮搜冥索的工夫，寫下了獨創發明的心得。茲揀其見地特殊，迥異常說者，條列如次：

1. 劉勰不婚娶，係受佛學影響：

《梁書・劉勰傳》：「勰早孤，篤志好學，家貧不婚娶。」學者多從此說，以爲劉勰不婚娶，由於家貧之故。先生參考史實，證諸習尚，認爲劉勰不婚娶，係受佛學影響。他說：

> 早孤的劉勰，並不因爲無人管教和家道中落而放鬆學習；卻自覺地篤志好學。所讀的書，大概不外儒家典籍。他的儒家思想，也從此紮下了根。但在佛學甚囂塵上的當時，劉勰卻曾受其影響而不婚娶。這是一時的風尚，不止劉勰一人爲然〔五八〕。

同樣的論證又見於〈梁書劉勰傳箋注〉。在這篇文章裡，先生列舉了周續之「入廬山事沙門釋慧遠，遂終身不娶妻。」褚伯玉之「有操守，寡嗜欲」，拒絕婚姻。劉訏與族兄劉歊，「不娶不仕。」顏延之「孤貧，負郭而居」「行年三十猶未婚」。劉瓛「兄弟三人共處蓬室一間」，「年四十餘未有婚對」。以及釋僧祐避婚爲僧的事。由以上種種事例，則舍人因信佛而終身不娶，更爲有徵。

2. 劉勰依定林寺釋僧祐，非爲家貧：

《梁書・劉勰傳》：「勰早孤，篤志好學、家貧、不婚娶。依沙門僧祐，與之居處積十餘年。」學者多以爲劉勰依沙門僧祐，由於家貧無依。而先生卻不以爲然。他說。

（當時）儒佛合爐共治的傾向已日益普遍。知識分子除照例肄習儒家經典外，爲了適應潮流，以利於向上爬，都愛到寺廟去跟和尚們打交道。有的是諮戒範，有的是聽內典，有的是考尋文義，有的是瞻仰風德，有的則住在廟裡讀經論、明佛理。寺廟廣開，投身接足者頗不乏人。……劉勰爲了獲得一個比家裡條件更好的學習環境，專心致志地攻讀若干年，……上定林寺正是他夢寐以求的地方，同時也是他希圖走入仕途的終南捷徑〔五九〕。

先生於〈梁書劉勰傳箋注〉更有進一步的論證，舍人依居僧祐後，必定「縱意漁獵」，爲後來「彌倫群言」的巨著「積學儲寶」。定林寺位於南京紫金山，自宋迄梁，寺廟廣開，高僧如雲。處士、名流皆策踵山門，展敬禪室。舍人寄居此寺長達十餘年之久，而又博通經論，竟未變服者，蓋緣濃厚的儒家思想所支配。

3. 劉勰晚年出家，是無可奈何的歸宿：

《梁書・劉勰傳》：「有敕，與慧震沙門於定林寺撰經。證功畢，遂啓求出家，先燔髮以自誓。敕許之。乃於寺變服，改名慧地。」學者向以爲劉勰時任步兵校尉兼東宮通事舍人，在政治上炙手可熱，何以不在依居僧祐之年受戒，竟於晚年脫屣利祿，證功畢變服出家，頗令人不解。先生根據各種佛典推論，頗有卓見。他說：

到了中大通三年（西元五三一年），昭明太子一死，東宮舊人例不得留，劉勰既未新除其他官職，奉敕與沙門慧震於定林寺撰經，大概就在這段時間吧。任務完成，他便請求出家，並先燔鬢髮以表示決心。被批准後，就在該寺當了和尚，法名慧地。無可奈何的歸宿，不到一年光景便去世了〔六〇〕。

在〈梁書劉勰傳箋注〉裡，先生對舍人不於依沙門僧祐之年出家，或在受敕與慧震撰經之日變服，卻當證功完畢，始啓請出家，遁入空門，其原因除無可奈何之歸宿外，固與信佛的深化有關。

4. 劉勰以儒家思想爲出發點，確立了文學的基本原則：

劉勰撰寫《文心雕龍》的思想，范文瀾注《文心雕龍・序志》篇，即以爲「彥和精湛佛理，《文心》之作，科條分明，……蓋採佛書法式而爲之」，此說一出，當代學者往往加以推衍，並河漢其辭，說者或以劉勰思想根柢於佛教，或以爲與老莊思想有關。而先生於此卻有平實的觀點。他說：

由於劉勰以儒家思想爲出發點，所以他用〈原道〉、〈徵聖〉、〈宗經〉三篇來籠罩

> 《文心雕龍》全書，確立了文學的基本原則。「道心」是文學的本原，「聖人」是立言的標準。「經書」是文章的典範。……《文心雕龍》包含了極其豐富的內容，對大量的文學現象進行了具體而細緻的分析，提出了許多眞知灼見。這是不能簡單地用儒家思想來包括的。《文心雕龍》的卓越貢獻也正在這裡〔六一〕。

先生又有〈從文心雕龍「原道」「序志」兩篇看劉勰的思想〉一文，文中以〈原道〉、〈序志〉爲主軸，全書各篇爲輔翼，分析劉勰的思想歸屬。最後獲致兩點結論：首先是劉勰在《文心雕龍》中所表現的思想爲儒家思想；其次進一步強調，劉勰不僅是儒家思想，更是古文學派的儒家思想。如果將兩文合參，更可以體悟先生持論的正確性。

5.《文心雕龍》的內容與佛經著作無直接間接關係：

先生既肯定劉勰是古文學派的儒家思想，則儒家思想必然取得支配地位，所以劉勰「述先哲之誥」的《文心雕龍》內容，與佛經無直接和間接關係。他說：

> 《文心雕龍》是我國古代文學理論批評專著。所原的「道」，所徵的「聖」，所宗的「經」，皆中國所有；所闡述的文學創作理論，所評騭的作家、作品，亦爲中國所有。與佛經著作或印度文學都無直接間接關係。所以全書中找不到一點佛家思想或佛學理論的痕跡，而是充滿了濃厚的儒學觀念〔六二〕。

關於《文心雕龍》的內容與佛經思想有無關係問題，一般人常和劉勰的〈滅惑論〉比較，以爲同是一人一地之作，不可能毫無瓜葛。先生於一九七九年著〈劉勰滅惑論撰年考〉中，對此曾提出明確地看法。認爲：

由於它們各自的內容和寫作的時間不同，不僅「言非一端，各有所當」，即以創作思想而論，也不可能前後一致，毫無變化〔63〕。

同樣的道理，我們要研究劉勰《文心雕龍》和〈滅惑論〉的內容思想，是絕對不能相提並論的。

6.《文心雕龍》中提供了不少新的東西，值得我們深入學習探討：

先生認爲《文心雕龍》是我國最優秀的古代文學理論遺產之一，是從先秦以來文學理論批評的不斷發展而出現的一部傑作，它提供了不少新的東西，值得我們深入學習和探討。根據他的精思博考、分析比較，綜理全書五十篇的內容，取其精醇，棄其糟粕，提出八個層面。這八個層面是：

在文學與現實的關係上：劉勰認爲文學是客觀現實的反映。在這種反映中，也浸透了作家的主觀感情，此其一。

在文學與政治關係上：劉勰強調文學的社會功能。此其二。

在內容與形式的關係上：劉勰認爲內容決定形式，形式表現內容，要求作品達到二者的統一，此其三。

在繼承與創新的問題上：劉勰主張既尊重歷史形成的文學規律，又根據現實的情況加以創新，此其四。

在作家與風格的關係上：他認爲作品風格是作家個性的外現，要求作家通過加強學習，來培養高尚的風格，此其五。

在創作與技巧的關係上：劉勰強調作家必須通曉寫作規律，反對忽視技巧的傾向，此其六。

劉勰在《文心雕龍》中，還對各種文學現象進行了大量的藝術分析，總結了許多謀篇布局，遣詞造句方面的規律，此其七。

關於創作與批評的關係，劉勰要求文學批評符合文學創作的實際，並提出了正確進行文學批評的方法，此其八〔六四〕。

先生從《文心雕龍》五十篇中，以披沙揀金，玉田採璞的方式，撿出這八大理論，此不僅是先生精理密察的心得，同時也給研治《文心》的學者指引出一個正確的坐標。

7. 劉勰對於古今成說，既有所繼承，也有所批判：

《文心雕龍》的巨大成就，絕不是越世高談，突如其來；而是有所繼承和發展。先生說：

> 從先秦的孔子、孟軻、荀卿，漢代的劉安、揚雄、桓譚、王充、班固、王逸到魏晉的曹丕、曹植、陸機、摯虞、李充、葛洪各家的論著，以及《周易》的〈繫辭〉、《禮記》的〈樂記〉和《毛詩》的〈序〉，劉勰莫不「縱意漁獵」。凡是認爲正確的，或引申、或疏證，或作爲理論依據，或借以證成己說，旁搜遠紹，取精用弘，使古代的文學理論批評，又邁進了一大步〔六五〕。

他又說：

> 劉勰對前人的研究成果，儘管認爲有這樣那樣的缺點，但他並不是全部予以否定。〈序志〉篇又說：「及其品列成文，有同乎舊談者，非雷同也，勢自不可異也；有異乎前論者，非苟異也，理自不可同也。同之與異，不屑古今，擘肌分理，唯務折衷。」這就說明他對古今成就，既有所繼承，也有所批判〔六六〕。

因爲《文心雕龍》涉及了當時文學的各個層面，既具系統性，又有完整性，爲我國古代文學理論奠定了基礎。也把我國古代文學理論和批評推向了一個新的階段。

(三)其他考釋的成就

先生六十年來，除了《文心雕龍校注》和《文心雕龍校注拾遺》，以及純粹學理性的論著外，一九三七年於《文學年報》首次提出〈范文瀾文心雕龍注舉正〉後，迄一九九七年發表的〈文心雕龍版本經眼錄〉爲止，其考釋性的單篇論文計有〈書鈴木虎雄黃叔琳本文心雕龍校勘記〉、〈梁書劉勰傳箋注〉、〈讀梁書劉勰傳札記〉、〈文心雕龍研究值得商榷的幾個問題〉、〈劉勰卒年考〉、〈涵芬樓影印文心雕龍非嘉靖本〉、〈劉勰滅惑論撰年考〉、〈文心雕龍隱秀篇補文質疑〉、〈文心雕龍校注拾遺補正〉、〈文心雕龍原道篇「文之爲德也大矣」試解〉、〈文心雕龍有重注的必要〉等約十五篇論文。皆屬思理縝密，見解精碻之作。爲「《文心雕龍》學」久懸不決的疑難雜症，有的提出了靈丹妙方，有的不但根本解決，且早已成爲定論。其貢獻之大，足可與《文心雕龍校注拾遺》媲美。因此，筆者深恐默而不張，有悖先生發明獨創的本意，特揀其中至關緊要者，分項剖析，以彰顯幽眇。

1. 劉勰生平事蹟的考訂：

先生著有〈梁書劉勰傳箋注〉、〈劉勰卒年初探〉、〈劉勰滅惑論撰年考〉、〈文心雕龍時序篇「皇齊」解〉等。前二篇考訂劉勰生平事蹟；後二篇考訂劉勰著作的年代。劉勰生平事蹟的記載，最早見於《梁書》及《南史》，但二書所載甚是簡略，尤其關於劉勰的家世、生卒、行誼、師承、著述等，更是語焉不詳。後之學者雖多方搜求，始終東鱗西爪，難見完璧。先生於一九五七年，由中華書局印行的《文心雕龍校注》首頁，即附有〈梁書劉勰傳箋注〉。此文一出，當時學術界即驚嘆爲析理精到，資料宏富之作。一九七九年，先生又於《中華文史論叢》第一輯發表〈梁書劉勰傳箋注〉，較之前文，無論是資料的搜輯，世系的考訂，行誼的敘述，層次的調整，均倍加詳實。文前先生曾言：

> 劉舍人身世，《梁書》、《南史》皆語焉不詳。《文集》既佚，攷索愈難。雖多方涉獵，而弋釣者仍不足成篇。（原擬作一年譜或補傳）爰就《梁書》本傳，（視《南史》稍詳）酌爲箋注，冀有知人論世之助云爾〔六七〕。

對知人論世而言，確爲讀《文心》而欲知劉勰生平行誼者，大開方便之門。

至於劉勰〈滅惑論〉的撰述時間，因爲和劉勰的思想歸屬關係密切，久爲學術界纏訟不決的公案。一九七九年，先生於《古代文學理論研究叢刊》第一輯發表了他的〈劉勰滅惑論撰年考〉。他開宗明義就說：

> 《文心雕龍》成書於齊和帝中興元、二年（西元五〇一～五〇二年）間，清人劉毓崧有詳實的考訂（見《通義堂文集》卷十四〈書《文心雕龍》後〉），已爲古代文論研究所公認，無須再贅。〈滅惑論〉撰於何時，尚無專文論述。本文擬作初步試探，就正於專家讀者〔六八〕。

先生根據唐釋神清的《北山傳》卷二〈法籍興〉篇，宋釋德珪《北山錄注解隨函》卷上〈夷夏〉條，證明劉勰的〈滅惑論〉是針對齊顧歡的〈三破論〉而作。繼而再根據《南齊書》卷五四〈高逸·顧歡傳〉的記載，知歡在齊武帝蕭賾永明十一年之前逝世，則劉勰〈滅惑論〉既係針對顧歡〈三破論〉而作，則斷定〈滅惑論〉的寫作時間，應距〈三破論〉問世之日不遠。以此下推，至齊和帝中興元、二年（西元五〇一年前後）間，因此斷言〈滅惑論〉寫成的時間，比《文心雕龍》早。由於〈滅惑論〉和《文心雕龍》撰述先後的不同，對研究劉勰思想問題，就必然不能混爲一談。所以肯定了〈滅惑論〉的撰述時間，即等於確定了劉勰在《文心雕龍》中的思想屬性。這篇論文在劉勰生平行誼上的重要性，已不言可喻。

又《文心雕龍》成書年代問題，清朝紀昀、郝懿行、顧千里、劉毓崧均先後加以重視；尤其劉毓崧在《通義堂文集》卷十四〈書文心雕龍後〉一文，考訂最是精詳，久爲學界公認。不意仍有學者不滿成說，對《文心雕龍》成書年代提出質疑，認爲不能完全根據《文心雕龍·時序》篇末「皇齊馭寶」句中的「皇齊」一詞，便斷定《文心雕龍》成書於齊代。先生在〈文心雕龍時序篇「皇齊」解〉一文開篇就說：

> 《文心雕龍》成書的年代，自《隋書·經籍志》題爲「梁兼東宮通事舍人劉勰撰」後，

都相承其說，信以爲然。而於〈時序〉篇末段劉勰本人的論述，則習而不察，等閒視之。到了清代，纔先後爲紀昀、郝懿行、顧千里、劉毓崧四家所重視，並據以推定舍人書成於齊世。其中，尤以劉毓崧的考訂最爲翔實，不愧後出轉精。他提出的三條論證，「皇齊」二字便是第一條。可見這條內證是何等的重要啊！正因爲這樣，寫翻案文章的就必然要先在「皇齊」二字上煞費苦心，來掃除所謂「罩在眼上的朦翳」；然後取其所需，自我作故，侈談書成於梁代的種種理由〔究〕。

當時有學者提出〈文心雕龍成書的時代問題〉，對前人考得《文心雕龍》成書於齊代事翻案。先生乃援引《南齊書・明帝本紀》、〈王慈傳〉，以及《昭明文選》中王儉〈褚淵碑文〉、沈約〈齊故安陸昭王碑文〉、《廣弘明集》所錄沈約〈齊竟陵王題佛光文〉中的「皇齊」二字，均爲齊代君臣對當時王朝例行的尊稱。跟劉宋時人稱「皇宋」，蕭梁時人之稱「皇梁」一樣。劉勰於齊末撰寫《文心雕龍》時稱齊爲「皇齊」，是當時王朝例行的尊稱，入梁以來，天監十六年左右，撰寫〈梁建安王造剡山石城寺石像碑〉，敘述齊代事蹟時，則只稱爲齊，並未冠有「皇」字，於梁則稱「大梁」。同一時代也，劉勰稱呼上的前後差異，正是寫作年代不同的顯著標誌，也是最可靠的第一手資料。於是先生推斷：

我們就不難看出《文心雕龍》確是寫成於齊代，纔會在「齊」上冠一「皇」字。如果是梁代寫成的話，大可像〈梁建安王造剡山石城寺石像碑〉那樣，只稱爲「齊」就夠了，又何必多冠一「皇」字呢〔七〇〕？

他這種不愠不火，據事說理，由於引證碻鑿不刊，不僅可以息爭弭訟，對劉勰撰寫《文心》的年代，無論內證外舉，均鐵案如山，無可質疑了。

關於劉勰的卒年，也有種種臆測，但大多不脫六十歲前後，即卒於梁武帝蕭衍普通元、二年（西元五二一年前後）。先生於一九七八年在《四川大學學報・社科版》第四期，發表〈劉勰卒年初探〉。他根據宋釋志磐《佛祖統記》卷三十七、元釋念常《佛祖歷代通載》卷九，以及釋覺岸《釋氏稽古錄》卷二等書所繫劉勰出家之年；然後再依照史書合傳的通例，「即卒以其人的卒年先後爲序」的原則推論。他說：

劉勰名次（在《梁書・文學傳》中）既廁於謝幾卿、王籍之間，其卒年固不應先於謝幾卿或晚於王籍。《佛祖統記》謂劉勰於大同四年出家，當屬可信（念常、覺岸兩家繫年，與《梁書・文學傳》下所列名次先後不符）。《梁書》言其「變服……未期而卒」，是劉勰從出家到卒的時間，沒有超出十二個月之外。如果這段時間跨了兩個年頭的話，那麼，劉勰之卒，不在大同四年，便是次年了〔七一〕。

先生又統合劉勰生平加以推論，說：

《文心雕龍》成於齊和帝之世（西元五〇一～五〇二年。清人劉崧《通義堂文集》卷十四有專文論證）。劉勰當時「齒在踰立」。假定爲三十二、三歲，再往上推算，他生於宋泰始六年（西元四七〇年）左右，至梁大同四、五年（西元五三八～五三九年）間，約六十八、九歲，年近古稀，在南朝文學家中，不能不說是高齡啊〔七二〕！

此說既修正了他早期在〈梁書劉勰傳箋注〉的看法，同時也可以看出他如何運用後出的新資料，與原本《梁書》、《南史》中〈劉勰傳〉，和其他相關作品，達到他精理密察，無徵不信的目的。

2.《文心雕龍・隱秀》篇質疑：

《文心雕龍・隱秀篇》四百多字補文，自從被清代紀昀抉發，判爲明人僞撰後，幾乎已衆所公認，舉無異說。不意，南開大學中文系教授詹瑛先生提出不同看法，撰〈文心雕龍隱秀篇補文的眞僞問題〉，發表於《文學評論叢刊》第二輯，先生以爲：

夷考其實，難於信服〔七三〕。

遂撰〈文心雕龍隱秀篇補文質疑〉，於一九八四年發表於《文學評論叢刊》第七輯。先生經過多方考索，反覆分析，於徹底了解〈隱秀〉篇補文的來龍去脈之後，再就清朝紀昀於芸香堂本卷首〈例言〉，及〈隱秀〉篇末上欄黃叔琳識語後，和《四庫全書總目提要》卷一九五，所發〈隱秀〉篇補文之覆的話，證明紀說有理有據，想要基本上予以推翻，至爲不易。所以先生以爲判斷古書的眞僞，不能迷信版本和專家、權威。他說：

> 根據版本以判定書的眞僞，的確是鑒定古籍所使用的一種方法，但也不是唯一的絕對可靠的方法〔七四〕。

又說：

> 迷信版本，固然容易出問題，迷信專家、權威，同樣也容易出問題。如果認爲凡是經過專家、權威收藏或題跋過的書，都百分之百的可信無疑，那不免是要受騙的〔七五〕。

於是先生從五個方面，證明〈隱秀〉篇補文之爲僞。這五方面是：

> 甲、從理論上看：《文心雕龍》中的許多論點，都是互有關聯，相輔相成，前後一致的。而補文中的「嘔心吐膽」「煅歲煉年」二語，姑無論其出自何書，但它的涵義，的確與其他篇裡的論點不協調，甚至矛盾。
>
> 乙、從例證上看：「選文以定篇」（〈序志〉篇語），雖是專就《文心雕龍》上篇絕大部分篇章說的，但下篇也多所使用。……而補文中的「常恐秋節至，涼飆奪炎熱。」意淒而婉，此匹婦之無聊也。「臨河濯長瓔，念子悵悠悠。」志高而言壯，此丈夫之不遂也。這四句詩，前兩句在相傳爲班婕妤的〈怨歌行〉裡，後兩句相傳爲李陵的〈答

蘇武詩〉裡。舉這樣的例證，豈不是與〈明詩〉篇的論斷相矛盾？不稱班婕妤，而稱「匹婦」，前後也不一致。……這不僅說明了劉勰「選文以定篇」，對贋品的嚴肅態度，同時也戳穿〈隱秀〉篇補文爲僞的有力旁證。

丙、從體例上看：補文〈隱秀〉篇之段內，只論詩而不論文，……與全書的體例不符。

丁、從稱謂上看：劉勰對歷代作家的稱謂，是自有其例的。除於列朝君主稱謚號或廟號（曹操稱魏武外，也稱曹公），曹植稱思王或陳思，屈原稱三閭，司馬談稱太史，班姬稱婕好外，其他的作家都只稱名或字，絕無稱其官的。補文稱陶淵明爲彭澤，顯然與例不符。

戊、從風格用字上看：補文的風格同全書，的確有些兩樣。衹要細心的多讀幾遍，就會感覺得到的。它不僅如黃侃所說的：「出辭膚淺，無所甄明」；「用字庸雜，舉例闊疏」。在所補的七十八句中，除句首與句末共用了五個語詞和「彼波起辭間，是謂之秀」兩句外，其餘全是追求形式的儷句，無一單筆。這在全書中，絕對找不到類似的第二篇〔七六〕。

最後先生斷言「〈隱秀〉篇補文之爲僞撰，已昭然若揭了。」其他還就詹文所提出的「几」「盈」「綠」「煒」「恒」五字和其他各篇的筆畫不同的說法，先生根據明人好作僞書，也愛鈔刻僞書的認知，從缺筆、異體各方面搜證說明，因和正文關係不大，不再節錄。即此也足見先生不墨守一家，不迷信版本，不盲從權威，不參加成見；在他勤讀書、勤動手、勤用思的努力下，日積月累，所獲致的豐碩成果。

六、結論

讀完楊明照先生在「龍學」方面的作品，並經過全面分析後，很自然的進一步要問在近百年來的中國學術界，以他的天縱才華，家學淵源和良師益友的薰染，確實有很多不同的空間，任其發展；而先生卻獨熱中於魏晉南北朝——這將近四百年的思想和文學。在這四百年中，又以南朝劉勰及其《文心雕龍》爲核心，上考葛洪的《抱朴子》，下推劉晝的《劉子》，旁及《昭明文選》李善注、《漢書》顏注、司馬遷《史記》、《呂氏春秋》、《莊子》等。雖然各有展布，但如加以系聯，很明顯的可以看出，劉勰《文心雕龍》實爲樞紐全局的轉捩點。

一個學者能在單一的學術領域裡，披荊棘、斬草萊、承先啓後、繼往開來，獲得豐碩的果實，並受到海內外學術界的重視者，必有促進其成功的原動力。先生埋首「龍學」半個多世紀，其《文心雕龍校注》及《校注拾遺》二書，早已蜚聲國際，震撼文壇，爲《文心雕龍》的研究別創高峰，其所以如此，亦斷非偶然，所以在本文結論中，我特別就其歷久彌光的原因加以紬繹，提供海內外愛好「龍學」的同道們參考。

學而不已的精神：先生自題其書齋曰「學不已」，自命其著作曰《學不已齋雜著》。「學不已」者，即《荀子・勸學》篇的「學不可以已。」也就是劉勰說的「生也有涯，無涯惟智。逐物實難，憑性良易」之意。我以爲在其平生治學過程中，至少有兩件事，可以充分體現先生憑其「駑馬十駕，鍥而不舍」的「學不已」精神。

首先是一九五八年下半年，先生四十九歲，擔任四川大學中文系教授。根據曹順慶整理的〈楊明照教授傳略〉〔七〕的記載，當年先生患了嚴重的風濕性關節炎，行動極爲不便；甚而到了臥床不起的地步。爲了教學研究，他讓老伴在病情發作時，把磚頭燒熱，用以烤熨患部，儘管大汗淋漓，燙熱難忍，但他仍然咬緊牙關，繼續堅持。當病情轉劇時，他把枕頭墊高，讓孩子把自己需要的資料找來，對照著已經出版的《文心雕龍校注》，又開始了重新「補注」的工作。用這種傳統的民間療法，終於治好關節炎，重新走上教學講台。像他這種堅此百忍，力行不怠的拼搏精神，正是「學而不已」的寫照。

這種德操又見於「十年內亂」之時。當時先生已年過知命，學術聲望日隆，不幸被扣上「反動學術權威」的帽子，受盡凌辱和摧殘。被分派的工作是「掃馬路，沖廁所」，動輒得咎。在那個「造反有理」，是非混淆的日子裡，先生始終固守自己的信念與理念。每天在做完造反派分配的「工作」回來後，就把房門緊閉，將過去搜集的資料和各種版本，翻檢出來，攤在大床上，繼續進行《文心雕龍校注》的訂補工作。為了防備意外的搜查，他先備妥了一張草蓆，聽到不速之客敲門，便立刻把鋪在床上的「違禁資料」蓋上，然後徐步而出加以應付。

類似情形，又發生在「十年內亂」時的一個嚴冬的早晨。先生一家被掃地出門後，住進一間狹窄、潮溼而僅可容身的小房間，環境、光線與生活條件的惡劣，已到了人不堪其憂的地步，而先生卻沒有停止研究工作，經常帶著一本平裝的《文心雕龍》到屋後生產大隊的菜地邊去研讀。後來搬進城裡一位親戚家，生活環境和工作條件才稍有改善。他每天上午重溫六朝史籍和瀏覽唐宋類書，下午則逐篇增訂《文心雕龍校注拾遺》及分類補充〈附錄〉。由於志趣所鍾，雖寒冬酷暑，從不間斷。因而多年收集的《文心雕龍》資料，至此得以分別部居，謄寫清本，完成一部近六十萬字的《文心雕龍校注拾遺》。

這部煌煌巨著，是他歷盡身體病痛和「十年浩劫」中的辛勤成果，回想在他整個寫作過程的背後，卻突顯了先生那種困知勉行的大知大勇。所以先生以「學不已」自名其齋、其書，正是其「龍學」研究有成的憑證。

知難而進的毅力：《荀子・解蔽》篇說：「凡人之患，蔽於一曲而闇於大理。」又說：

「天下無二道，聖人無兩心。」一個人想在學術上有些成就，往往由於環境、經濟、政治、工作或生活上的種種因素不能配合，或被誤導，或被扭曲，到最後事與願違，給人生留下難以彌補的遺憾！前人說過：「退山中之賊易，去心中之賊難」。所以，除了排除爲一曲所蔽之外，就只有專心一致，抱定知難而進的毅力，才能衝破面對的橫逆，達到理想的彼岸。

先生於一九八三年三月在高等院校古籍整理研究規劃會上，以〈我是怎樣學習和研究文心雕龍的〉爲題，發表講演時說：

在一九三一年的春天，那時是重慶大學文預科二年級學生，以後斷斷續續地雖然耗去了不少的時間和精力（大學和研究院的畢業論文，都是在研討《文心雕龍》），但由於天資不高，見聞有限，只能識其小者。

從一九三一年開始接觸《文心雕龍》起，迄一九八二年《文心雕龍校注拾遺》交由上海古籍出版社發行止，綜計先生涵泳《文心雕龍》的時間，長達半個世紀以上。在其實際研究過程中，雖然有良師的誘導，但非一帆風順，遭遇很多意料不及的困難。先生在講演時，曾用回憶的口吻說：

我最初研究《文心雕龍》的時候，版本、目錄、校勘，什麼都不懂，完全是門外漢。只是由於個性強、膽子大，新生之犢不畏虎，沒有向困難低頭，知難而進。邊學邊幹，邊幹邊學，逐漸由不懂而懂得一些，由不熟而熟習一些。「眞積力久則入」，研究的對象，不斷有所發展；先由《文心雕龍》而《劉子新論》，再由《劉子新論》而《抱朴子內篇》和《昭明文選》李善注。隨著研究範圍的擴大，學識也相應有些提高。可是，我過去搞科研是單幹户，現在仍然是單幹户，獨自作業。零敲碎打，尚能持之以恆，鍥而不舍。

《文心雕龍》是一部體大慮周、籠罩群言的文論寶典，從事校注，則版本、目錄、校勘皆爲專門而必備的研究工具，此即漢學家所謂的「考據之學」。先生自認爲在當時是門外漢，對此所知不多，僅憑著強烈求知的個性和膽識，不向困難低頭，甚而愈挫愈勇；本著「人一能之己百之，人十能之己千之」的精神，最後這位跑單幫的個體戶學者，積五十年的科研經驗，完成了這部《文心雕龍校注拾遺》。如果追索他以往研究的過程，相信心無旁騖，知難而進的毅力，確實是他成此「龍學」偉業的重要因素。

腳踏實地的工夫：一個人想完成一點自己想做的事，總得下點專業工夫，和腳踏實地的去踐履篤行。譬如學戲的，一定先要接受唱腔、道白、身段、眼神、舉手、投足的嚴格訓練，且一絲不苟，然後登台表演，才能中規中矩，自然成采。學畫的，要先練習寫生，畫靜物；茶杯、花瓶，畫動物：飛禽、走獸，再進一步速寫，這樣勤練苦修，一旦臨紙揮毫，才能成竹在胸，唯妙唯肖，有巧奪天工的效果。

劉勰《文心雕龍》，陶冶萬彙，組織千秋，體大慮周，籠罩群言，加之文筆高華，心匠獨運，且常以具體之事物，比喻空靈之神思。尤其徵事用典，詞多隱奧，後人讀來，常有了解不易之苦。清代黃叔琳造《輯注》曾云：「若其使事遣言，紛綸葳蕤，罕能初究。」近人范文瀾注《文心》也說：「劉氏之書、體大思精，取材浩博，絕非淺陋如予所能窺測。」先生對《文心雕龍》的奧衍難讀，也有同樣地看法。他說：

《文心》彌綸群言，通曉匪易；傳世既久，脫誤亦多〔七八〕。

再加上中國文字一字多音，多音多義，更給從事教學研究的人，帶來很多意想不到的困難。所以想在《文心雕龍》研究上有突破性的成就，必須下腳踏實地的工夫，在人不經意或少經意處入手，久而久之，自能登堂入室，進窺其宮室之美，百官之富。先生曾自言其學習《文心雕龍》的過程時說：

全書五十篇，無論長的、短的，喜歡的、不喜歡的，都要讀熟，熟得倒背如流最好。這樣，才能融會貫通，對上下篇的理解，也才有較爲全面、較爲系統的可能。同時，對以後收集注釋，校勘、考證諸方面的資料，也才有幫助。……另外，學習它的寫作技巧和分析方法，也很有益處〔七九〕。

其言學習《文心雕龍》的基本工夫，首在熟讀成誦。亦即古人所謂「書讀百遍，其義自見」的意思。這對以後的注釋、校勘、考證和寫作技巧、分析方法，都大有幫助。其次，繼熟讀成誦之後，下一步工夫，是校對不同版本。他說：

> 校對的版本越多越好，見得多，才有所比較，容易發現問題；也才容易引起注意，加以思考〔八〇〕。

正因爲版本在校對上有著重要地位，所以他在《文心雕龍校注拾遺》裡，自言已見的《文心雕龍》版本，包括寫本、單刻本、叢書本、選本、校本共七十二種。未見的寫本、刻本、校本和注本共四十六種。綜計其已見和未見者，高達一百一十八種之多，並對各版本的庋藏、鈔寫、翻刻、版式等均詳加說明。繼校對不同版本後的第三步工夫，是繙檢各種類書。他說：

> 校注古籍，繙檢一些類書，是不可或缺的手段。……唐宋類書編纂的時間早，使用價值大，這是學術界公認的，但明代的類書，也不容忽視〔八一〕。

讀《文心雕龍校注拾遺》，知先生對文字闕佚的考察、脫誤的是正，往往借助於類書。僅此，仍未能滿足校注之要求，其第四步工夫是涉獵有關典籍。先生說：

> 與《文心雕龍》和劉勰直接間接有關的典籍，是相當多的〔八二〕。

他以考察劉勰參加上定林寺「備鈔衆經」，撰寫〈鍾山定林上寺碑銘〉，以及〈滅惑論〉，列舉相關典籍爲例，印證從事劉勰《文心雕龍》校注，必須涉獵有關典籍。最後，先生以爲有了這些基本工夫還不夠，還應該腳踏實地的去踐履篤行。所以他又提出「勤於動筆，隨手抄錄」八字眞言，作爲入手法門。他說：

> 平時不管閱讀哪一部書，哪一種書，凡是認爲與自己科研有關的資料，都應隨手全部鈔錄備用，萬萬不能馬虎、躲懶。……鈔錄時尤其要注意的是：現存的書，必須注明篇名或卷數以及版本；亡佚的書，則應注明出處。第二、第三手資料，鈔錄畢最好能核對原書。這樣，既對讀者負責，也對自己負責，才是實事求是的治學態度。否則，一盲引眾盲，展轉滋誤〔八三〕。

先生於劉勰《文心雕龍》之研究，是先將全書五十篇熟讀成誦，再校對不同版本，繙檢各種類書，涉獵相關典籍，且須勤於動筆，隨手鈔錄；然後利用這些已得的紮實工夫，從事校注事業。以後無論在注釋、校勘、考證各方面；自能兼採眾長，淹貫百家，持之有故，言之成理。所以《文心雕龍校注拾遺》有識見高標，迥異乎眾人者，腳踏實地的工夫，爲其成功的重要條件。

切實可行的方法：做學術研究者之於方法，正像渡河之於橋樑，若渡河無橋，則難以飛越；治學無法，盲人瞎馬，難期有成。孔子所謂的「言以足志，文以足言」，孟子所謂的「以意逆志」，「知人論世」，墨子所謂的「有本」「有原」「有用」的「三表法」，甚而如曹丕的「文氣說」，陸機的「緣情說」，無一不是想利用以簡馭繁的方法，達成預期的目的。所以學術研究的成敗得失，和研究方法是否切實可行，有密不可分的關係。

先生校注《文心雕龍》，雖不自言得力於何法，但從本文前面講過的資料中加以提煉，其法可述者有二：一是文獻學證據法，二是二重證據法。

「文獻學證據法」，即運用目錄、版本、校勘、訓詁、聲韻、辨僞，考據；並配合小心觀察，合理懷疑，大膽假設，周詳搜證，作出推斷。此法清代樸學大師如休寧戴東原、金壇段玉裁、高郵王念孫、王引之，久已行之有效。先生取精用宏，作爲校注《文心雕龍》的法門而多有發明。如校注《文心雕龍》卷六〈定勢〉篇「是楚人鬻矛譽楯，兩難得而俱售也」句，黃叔琳、范文瀾二家均闕而不校，先生按云：

> 此文失倫次，當作「是楚人鬻矛楯，譽兩，難得而俱售也」。始能與上文「似夏人爭弓矢，執一，不可以獨射也」相儷。舍人是語，本《韓非子・難一》篇。若作「鬻矛譽楯」，既與韓子「兩譽矛楯」之說舛馳，復與本篇上文「雅鄭共篇，總一勢離」之意不侔。當校正〔八四〕。

先生先以小心觀察，發現原文措詞失去倫次，於是援上下文例，加以「直證」，若將「譽楯」

互易，「兩」「譽」二字屬上讀爲句，則不僅句法無誤，且前後相儷。接著再引韓子「兩譽矛楯」之說相舛馳作「旁證」，推論與本篇「雅鄭共篇，總一勢離」之意不侔。最後斷定「當校正」。又如校注《文心雕龍》卷六〈通變〉篇「魏之策制，顧慕漢風」句。黄叔琳校云：

「策，元作『薦』，許無念改。一本作『篇』。」先生按云：

萬曆梅本作「策」，有校語云：「元作『薦』，許無念改。」凌本、秘書本同。天啓本作「篇」，亦有校語云：「元作『薦』，許無念改。」張松孫本同。是許乃改「薦」爲「篇」，非改作「策」也。作「策」蓋梅氏萬曆刻本之誤，此當以作「篇」爲是、〈明詩〉篇：「江左篇製，溺乎玄風。」語式與此同，可證。其作「薦」者，乃「篇」之形誤。〈樂府〉篇「河間薦雅而罕御」，唐寫本又誤「薦」爲「篇」〔八五〕。

校勘此條，先生充分運用各種版本的差異，經過精心比對，發現許無念改「薦」爲「篇」，非改作「策」；作「策」係梅氏萬曆本之誤。有了這個發現後，遂推斷此處作「篇」爲是。接著再引〈明詩〉篇「江左篇製，溺乎玄風」，以爲語式相同爲證，坐實本文作「篇」無誤。然後掉筆回溯「薦」「篇」因形近之故，很易致誤，於是又取〈樂府〉篇「河間薦雅而罕御」的「薦」字，唐寫本即誤爲「篇」爲例，文行至此，無論正面反面，直證佐證，條件均極充分，已勿庸質疑。

從上列兩例，證明先生確實承繼了乾嘉諸老的「文獻學證據法」，充分掌握了目錄、版本、校勘、訓詁、考據之法，再加上他的膽大心細，推斷得體，所以往往能在別人不經意處，批郤導窽，而發前人之所未發。

至於「二重證據法」，即近人王國維在一九二五年於《古史新證・總論》中提出的史學研究法。此法是以「地下之新材料」與「紙上之材料」互證。所謂「地下之新材料」者，《文心雕龍》雖無甲骨、鐘鼎、簡牘、石刻方面的資料，但敦煌寫本《文心雕龍》殘卷，卻為距今為時千年的無價之寶，其內容上起卷一〈原道〉篇贊「龜書呈貌，天文斯觀，民胥以傚。」下訖卷三〈諧讔〉篇第十五篇題。此一寫本自發現後，將之與現行俗本《文心雕龍》相勘校者，計有日本鈴木虎雄，國人趙萬里、饒宗頤、潘重規等。先生也利用唐寫本校勘《文心》，並獲致豐碩成果，茲以《文心雕龍校注拾遺》為例。綜計自〈原道〉至〈諧讔〉十五篇四百七十八條校注中，與唐寫本互校的得二百五十五條。其在學術研究上的價值，是可以肯定的。以下援例說明先生運用「二重證據法」的情形。如校注《文心雕龍》卷二〈樂府〉篇「音聲推移」的「音」字，在引唐寫本作「心」後，按云：

唐寫本是。「心聲」二字出揚子《法言・問神》篇，此指歌辭。〈書記〉、〈夸飾〉、〈附會〉三篇，並有「心聲」之文。高誘《淮南子・修務》篇注：「推移，猶轉易也。

〔八六〕」

先生考得「心聲」一詞的造語所本，出自揚子《法言・問神》篇後，再舉〈書記〉、〈夸飾〉、〈附會〉三篇並有「心聲」的文例，證得「心聲」乃劉勰習慣用語。故肯定唐寫本是。這種情形又見於〈頌贊〉篇，校「鏤彩摛文，聲理有爛」句，唐寫本於此作「鏤影摛聲，文理有爛」。按云：

唐寫本是也。元本、弘治本、活字本、汪本、佘本、張本、兩京本、何本、胡本、梅本、凌本、合刻本、梁本、祕書本、彙編本、清謹軒本、岡本、尚古堂本、文津本、王本、張松孫本、鄭藏鈔本、崇文本，「彩」並作「影」，與唐寫本合；惟「聲文」二字誤倒。佘本作「文理」。「影」「聲」相對成義，「文理」連文亦本書所恆見。舍人〈剡山石城寺石像碑〉有「朱桂鏤影」語〔八七〕。

此條用唐寫本與俗本對校，先生引各本證得「彩」並作「影」，與唐寫本合；惟「聲文」二字誤倒。因爲「鏤影」「摛聲」相對成義，而「文理」連文，又爲本書所恆見。唐寫本之爲是，至此已不辯自明。

先生以敦煌寫本《文心雕龍》殘卷和俗本相校，效果極爲理想，眞有「採掇片言，莫非寶也」的感覺。遺憾的是此一殘卷只有《文心雕龍》全書五十篇的五分之一，假使地不藏寶，完璧重現的話，定可將《文心雕龍》的研究，推向新的高峰。

由此觀之，先生所以能辨別舊注，獨出新意；使《文心雕龍》中的鉤棘難通者，得以宿疑冰釋，相信其切實可行的方法，當爲重要助力。

楊明照先生以他學而不已的精神、知難而進的毅力、腳踏實地的工夫、切實可行的方法，有膽識、有遠謀、專心一志、鍥而不舍的爲「龍學」奉獻終身。這種堅忍不拔，成己成物的胸襟，不僅治學，且可修身；不僅稽古，更可諷世。正所謂「君子尊德性而道問學，致廣大而盡精微，極高明而道中庸；溫故而知新，敦厚以崇禮」的具體表現。

一九八二年上海古籍出版社發行了他的《文心雕龍校注拾遺》後，立即引起海內外學者的關注，首先是一九八三年六月六日香港《大公報》發表專文介紹，認爲該書是「楊明照先生繼《文心雕龍校注》之後，積四十餘年功夫而成的碩果，解決了某些千古疑難，且有很高的學術價值。」其次是牟世金於一九八四年第四期出版的《社會科學戰線》發表〈文心雕龍范注補正〉，稱許該書是「譽滿中外的洋洋巨著。」同年李慶甲於《復旦學報》五期〈建國以來文心雕龍研究概述〉一文裡，尊該書爲「研究文心雕龍的小百科全書。」王運熙在一九九〇年六月出版的《文心同雕集》中著文推崇，許其爲「體大思精，堪稱『龍學』史上里程碑式巨著。」筆者更早在一九七七年，於台灣華正書局出版《文心雕龍導讀》時，就曾經對先生先前印行的《文心雕龍校注》極力揄揚，推為「在《文心雕龍》研究上，為後人樹立了一個新的斷代。」可謂衆口交譽，聲聞當代。

成功不是偶然，必須付出代價。先生竭盡半個世紀以上的精力，完成了這部凌越前賢的「龍學」鉅著。他的那種學而不已，知難而進的精神和毅力，腳踏實地，切實可行的工夫與方法，正是他補先賢之闕失，解千古疑難，發前人所未發，開一代學風；為「龍學」寫下歷史豐碑的有力憑證。劉勰說：「文章歲久而彌光」，相信先生的名山事業，定如長江大河，霑溉無窮。而人之於事，多見表面，而忽略過程，故在本文結論中，特別就先生平生學養根柢所在，闡幽發微，以告世之好《文心雕龍》之學者。

七、楊明照先生《文心雕龍》著作年表

先生於一九三二年在重慶大學讀書時，即對《文心雕龍》產生了研究狂熱。揣摩既久，覺黃叔琳《輯注》、李詳《補注》，實有補正的必要。後得范文瀾《文心雕龍注》，歎其取精用弘，難以度越；但已操觚補綴，多所用心，不願中道而廢；於是棄同存異，另寫清本。遂於一九三六年夏，作爲大學畢業論文。是年秋，入燕京大學研究院，從郭紹虞先生學；仍賡續進行這方面的研究，並多方參稽，所得較過去稍多。一九三七年發表〈范文瀾文心雕龍注舉正〉後，年有新作。根據一九八二年上海古籍出版社印行的《學不已齋雜著》，一九九〇年六月，由四川成都出版社發行「爲慶賀楊明照教授八十壽辰」出版的《文心同雕集》，書末附載的〈楊明照教授著作年表〉，再加上筆者平日就報章雜誌搜輯所得，如「中國《文心雕龍》學會」編印的《文心雕龍學刊》、《文心雕龍研究》，日本九州大學中國文學會主編，台灣文史哲出版社印行的《文心雕龍國際學術研討會論文集》，涂光社主編，齊魯書社出版的《文心雕龍研究論文集》上下册，以及「中國《文心雕龍》學會選編的《文心雕龍研究論文集》等加以統計，得先生研究《文心雕龍》方面的論著近三十種。類聚群分，其中有校勘、有序跋、有箋注、有文論、有版本、有專門著作，今分年別錄，爲〈楊明照先生文心雕龍著作年表〉。

一九三七年　〈范文瀾文心雕龍注舉正〉（見一九三七年《文學年報》第三期）

一九三八年　〈書鈴木虎雄黃叔琳本文心雕龍校勘記後〉（見一九三八年《燕京學報》第二十四期）

一九四一年　〈梁書劉勰傳箋注〉（見一九七九年《中華文史論叢》第一輯）

一九五八年　《文心雕龍校注》（見中華書局印行，台灣於一九六二年台北世界書局印行，列爲「文學名著」第五集）

一九六二年　〈從文心雕龍「原道」「序志」兩篇看劉勰的思想〉（原文載《文學遺產增刊》第十一期）

〈劉勰論構思〉（見一九六二年《四川文學》二月號）

〈劉勰論煉意煉辭〉（見一九六二年《四川文學》十月號）

〈讀梁書劉勰傳札記〉（見一九六二年《成都晚報・學術討論》第一期）

一九七八年　〈文心雕龍研究中值得商榷的幾個問題〉（見一九七八年《文史》第五輯）

一九七九年　〈劉勰卒年初探〉（見一九七八年《四川大學學報・社科版》第四期）
〈涵芬樓影印文心雕龍非嘉靖本〉（見一九七九年《中華文史論叢》第二輯）
〈劉勰滅惑論撰年考〉（見一九七九年《古代文學理論研究叢刊》第一輯）

一九八〇年　〈文心雕龍隱秀篇補文質疑〉（見一九八〇年《文學評論叢刊》第七輯）
〈文心雕龍校注拾遺補〉（見一九九〇年六月《文心同雕集》所附〈楊明照教授著作年表〉）
〈文心雕龍校注拾遺前言〉（見一九八〇年《四川大學學報・社科版》第二期）

一九八一年　〈文心雕龍時序篇「皇齊」解〉（見一九八一年《文學遺產》第四期）

一九八二年　《文心雕龍校注拾遺》（上海古籍出版社發行）一九八五年五月台灣崧高書社翻印，發行海外版。

一九八三年　〈我是怎樣學習和研究文心雕龍的〉（見一九八三年《四川大學學報》。此文是先生於當年三月在首都總招待所，向高等院校古籍整理研究規劃會上的發言）

一九八四年　〈重新校注文心雕龍的初步設想〉（見一九九〇年六月《文心同雕集》所附〈楊明照教授著作年表〉）

一九八五年　〈從文心雕龍看中國古代文論史、論、評結合的民族特色〉（見《古代文學理

論研究》第十輯。本文係先生在廣州古代文論年會上的發言，經曹順慶整理而成）

一九八六年　〈運用比較方法研究中國文論〉（見一九八六年《社會科學戰線》第一期）

一九八八年　〈文心雕龍有重注的必要〉（見一九八八年「文心雕龍國際研討會論文集」《文心雕龍研究薈萃》）

一九八九年　〈文心雕龍原道篇「文之爲德也大矣」試解〉（見一九六二年《文學遺產增刊》第十一輯。此處排序，係依照《文心同雕集》）

一九九一年　〈文心雕龍研究序〉（見一九九二年台灣文史哲出版社印行的《文心雕龍國際學術研討會論文集》）

一九九五年　〈文心雕龍校注拾遺補正〉（見一九九六年《文心雕龍研究》第二輯）

一九九七年　〈文心雕龍版本經眼錄〉（根據先生文末附注：「本文完成於一九九七年五月四川大學寓樓學不已齋，時年八十有八」云）

八、附錄：楊明照和他的《抱朴子外篇校箋》

先生著《抱朴子外篇校箋》上下册，一九九八年六月，筆者在《國文天地》十四卷一期，曾專文介紹，以饗台灣學界。茲附於本書之末，相信好楊先生之學者，亦樂聞也。（更生又記）

中華書局最近先後出版了四川大學中文系教授楊明照先生的《抱朴子外篇校箋》上下册，全書除正文五十卷的《校箋》外，上册扉頁有〈前言〉，下册書末列〈附錄〉，一千四百四十五頁，皇皇巨獻，眞可謂千秋大業，萬世宏功。

往年我讀先生《文心雕龍校注拾遺》，其資料的豐贍、揀擇的精準、審辨的眼光；不僅爲《文心雕龍》的研究，奠定了堅實的根基；同時在我以後問津「龍學」的過程中，更受到極大的助益。現在何其幸運，又得拜讀他這部新近問世的《抱朴子外篇校箋》，除了對這位勉力不怠，皓首點勘的學者，致上無限的感佩外；並就個人玩索所得，以野人獻曝的心情，向中外學術界的同道們鄭重推介。

葛洪在兩晉（西元二六六年～四二二年）士林中是寡二少雙的學者。他的著述極多，但大部分均已亡佚；幸傳於今的《抱朴子內外篇》，便成爲研究葛洪的重要資料了。而《抱朴子內外篇》，本來各起次第，分別單行。〈內篇〉言神仙方術，鬼怪變化，養生延年，禳邪祛禍之事，近道家；〈外篇〉言人間得失，世事臧否，屬儒家。由於兩書性質不同，所以隋、唐史志，幾乎都分別著錄；直到南宋尤袤編《遂初堂書目》，始將其合爲一書。

先生以爲《抱朴子外篇》是東晉初年（西元三一七年前後）寫定的一部傑出子論，對社會和文學提供了不少眞知灼見，在我國文化寶庫裡是一分珍貴遺產；但一千六百多年來，一直乏人注釋，致令讀者有望書興歎之苦。於是早年即立下探頤索隱，疏通證明的決心。

先生校箋此書，是一個既艱辛而又漫長的歷程。其中經過，根據他自己的說法：大約開始於民國三〇年，在北平燕京大學國文系擔任助教時；因爲當時他年紀輕、幹勁大、體力好、記憶強，逐篇逐條，都用毛筆楷書，然後把初稿依目分裝十册，舉凡書中的疑辭難句，典故出處，皆親自臨校，從不倩人代庖；在以後的四十多年裡，先生和葛洪的《抱朴子外篇》可以說寢饋與共，投下了他一生的智慧和心力。正因爲如此，才使久墜的絕學，得以呈現它的奇情異采。

過去顏之推在《家訓・文章》篇裡說：「校書談何容易，觀天下書未遍，不得妄下雌黃；」段玉裁〈與諸同志書〉也說：「校書之難，在定底本及立說之是非」。由於《抱朴子外篇》使用了大量的韻語和典故，文字的訛誤衍奪，更所在多有。因爲先生對校注古籍，有嗜痂之癖；爲了達成參互考校，匡謬補闕的目的，他首先囊括前人現存於今的所有善本、校本和關係書。他以《平津館叢書》《抱朴子外篇》原刻本爲底本；再參校明正統《道藏》本、魯藩承訓書院本、吉藩崇德書院本、舊寫本、愼懋官本、盧舜治本、清柏筠堂本、《四庫全書》文溯閣本、王謨《漢魏叢書》本和崇文書局本等十一種；過錄的名人批校，有明代徐濟忠、清朝顧廣圻、陳澧、近人王國維和陳漢章等五家；至於前輩、近人著作中的相關論述，如陳其榮的《抱朴子外篇校勘記》、孫詒讓《札迻》、俞樾的《讀抱朴子》和孫人和的《抱朴子校補》等，均兼收並蓄，親自抄錄，並用來校文字、定衍奪、通句讀、補闕遺；選取客觀資料，作忠實的判斷；使原本鉤棘難通的《抱朴子外篇》，得此晦而復明，怡然理順。

在此應當特別提出的，是先生於《校箋》下册附錄的各種資料，計「傳記」部分，自《晉書・葛洪傳》以下有七種；「著錄」部分，自《隋書・經籍志》以下，包括公私收藏，日本見在書目，正統道藏等三十四種；「佚文」部分，更廣搜博考，自馬總《意林》以下各種類書中，輯得數十百條；「序跋」部分，自明朱務本〈刻包朴子序〉，至近人王重民《中國善本書提要》，共得二十種；「雜纂」部分，凡前人所述，後人評論，和《抱朴子外篇》有關者，共得四十八條；「葛洪家世」部分，自其十世祖纍祖，以迄從孫葛巢甫，無論直系、旁系、姻親，其彼此關係，皆交代得元元本本，綱舉目張；「葛洪生卒年」部分，更是上考下求，按年鋪序，確定葛洪在世活動的時間，以六十一歲最爲可信。以如此龐大的珍貴資源，等於替葛洪和他的《抱朴子外篇》做了一部完整的紀錄。此外，先生講到自己校箋時，還語重心長的說：

學海無涯，聞見有限，決不能自滿，……校注古籍並非易事，誰都有得有失，豈能「笑古人之未工，忘己事之已拙」，而敝帚自珍，故步自封！

又說：

我雖垂垂老矣，但眠食無恙，神志尚清，願以炳燭之明，繼續爲繁榮學術，聊獻綿薄。

先生以著作等身的成就，耄期將至的高齡，還如此謙沖自牧，熱愛學術，這種老而彌堅、志高行潔的風範，永遠是青年們的楷模，科研界的先鋒。

總之，《抱朴子外篇》五十卷，像一顆光芒四射的寶石，而沈埋於荒煙蔓草間；幸經先生慧眼特識，傾畢生之力，披荆棘，斬荒穢，發幽闡微，鉤深致遠，成《抱朴子外篇校箋》上下册，此不僅大有功於葛稚川，相信千百年後，有欲窺《抱朴子》者，亦必以此爲肯綮矣。

附注：

〔一〕引文見中華書局印行的《文心雕龍校注》書末，先生於一九五七年十二月於成都四川大學寫的〈後記〉。

〔二〕引文見一九九〇年爲慶賀先生八十壽辰經成都出版社，印行的《文心同雕集》首頁，楊明照著〈文心雕龍有重注必要〉一文。

〔三〕引文出處同注〔一〕。

〔四〕見中華書局印行的《文心雕龍校注》第四頁。

〔五〕見台灣嵩高書社於民國七十四年五月出版的《文心雕龍校注拾遺》第一、二頁。

〔六〕見中華書局印行的《文心雕龍校注》第一二頁。

〔七〕見台灣嵩高書社於民國七十四年五月出版的《文心雕龍校注拾遺》第一五頁。

〔八〕引文見台灣嵩高書社於民國七十四年五月出版的《文心雕龍校注拾遺》第四一五頁。

〔九〕引文見台灣嵩高書社於民國七十四年五月出版的《文心雕龍校注拾遺》第四七一頁。

〔一〇〕引文見台灣嵩高書社於民國七十四年五月出版的《文心雕龍校注拾遺》第五四一頁。

〔一一〕引文見台灣嵩高書社於民國七十四年五月出版的《文心雕龍校注拾遺》第六六三頁。

〔一二〕引文見台灣嵩高書社於民國七十四年五月出版的《文心雕龍校注拾遺》第七二四頁。

〔一三〕引文見台灣嵩高書社於民國七十四年五月出版的《文心雕龍校注拾遺》第七二四頁。

〔一四〕引文見台灣嵩高書社於民國七十四年五月出版的《文心雕龍校注拾遺》第七三一頁。

〔一五〕引文見台灣嵩高書社於民國七十四年五月出版的《文心雕龍校注拾遺》第七五九頁。

〔一六〕引文見台灣嵩高書社於民國七十四年五月出版的《文心雕龍校注拾遺》第七五九頁。

〔一七〕引文見台灣嵩高書社於民國七十四年五月出版的《文心雕龍校注拾遺》第七六三頁。

〔一八〕引文同注〔一七〕。

〔一九〕引文見台灣嵩高書社於民國七十四年五月出版的《文心雕龍校注拾遺》第七六三頁。

〔二〇〕引文見台灣嵩高書社於民國七十四年五月出版的《文心雕龍校注拾遺》〈辨騷〉篇第三九頁。

〔二一〕引文見台灣嵩高書社於民國七十四年五月出版的《文心雕龍校注拾遺》〈附會〉篇第三二三頁。

〔二二〕引文見台灣嵩高書社於民國七十四年五月出版的《文心雕龍校注拾遺》第三二三頁。

〔二三〕引文見台灣嵩高書社於民國七十四年五月出版的《文心雕龍校注拾遺》第二六二頁。

〔二四〕引文見台灣嵩高書社於民國七十四年五月出版的《文心雕龍校注拾遺》第三四五頁。

〔二五〕引文見台灣嵩高書社於民國七十四年五月出版的《文心雕龍校注拾遺》第二七二頁。

〔二六〕引文見台灣嵩高書社於民國七十四年五月出版的《文心雕龍校注拾遺》第三〇七頁。

〔二七〕引文見台灣嵩高書社於民國七十四年五月出版的《文心雕龍校注拾遺》第三一六頁。

〔二八〕引文見上海古籍出版社印行的《學不已齋雜著》第五六〇頁。

〔二九〕引文見台灣嵩高書社於民國七十四年五月出版的《文心雕龍校注拾遺》第八頁。

〔三〇〕引文見台灣嵩高書社於民國七十四年五月出版的《文心雕龍校注拾遺》第一二六頁。

〔三一〕引文見台灣嵩高書社於民國七十四年五月出版的《文心雕龍校注拾遺》第一七三頁。

〔三二〕引文見台灣嵩高書社於民國七十四年五月出版的《文心雕龍校注拾遺》第一六〇頁。

〔三三〕引文見台灣嵩高書社於民國七十四年五月出版的《文心雕龍校注拾遺》第二〇四頁。

〔三四〕引文見台灣嵩高書社於民國七十四年五月出版的《文心雕龍校注拾遺》第二〇九頁。

〔三五〕引文見台灣嵩高書社於民國七十四年五月出版的《文心雕龍校注拾遺》第二七一頁。

〔三六〕引文見台灣嵩高書社於民國七十四年五月出版的《文心雕龍校注拾遺》第二八七頁。

〔三七〕引文見台灣嵩高書社於民國七十四年五月出版的《文心雕龍校注拾遺》第九一頁。

〔三八〕以上所引各條見上海古籍出版社印行的《學不已齋雜著》第五六七頁。

〔三九〕引文見劉勰《文心雕龍·章句》篇。

〔四〇〕引文見上海古籍出版社印行的《學不已齋雜著》第四四七頁。

〔四一〕引文見上海古籍出版社印行的《學不已齋雜著》第五四〇頁。

〔四二〕引文出處同注〔四一〕。

〔四三〕引文見台灣嵩高書社於民國七十四年五月出版的《文心雕龍校注拾遺》第四七頁。

〔四四〕此處前後兩條引文，分別見於台灣嵩高書社於民國七十四年五月印行的《文心雕龍校注拾遺》第二三二頁和第一一八頁。

〔四五〕引文見台灣嵩高書社於民國七十四年五月出版的《文心雕龍校注拾遺》第六頁。

〔四六〕引文見台灣嵩高書社於民國七十四年五月出版的《文心雕龍校注拾遺》第四八頁。

〔四七〕引文見台灣嵩高書社於民國七十四年五月出版的《文心雕龍校注拾遺》第一六九頁。

〔四八〕引文見台灣嵩高書社於民國七十四年五月出版的《文心雕龍校注拾遺》第二三〇頁。

〔四九〕引文見台灣嵩高書社於民國七十四年五月出版的《文心雕龍校注拾遺》第六五頁。

〔五〇〕引文見台灣嵩高書社於民國七十四年五月出版的《文心雕龍校注拾遺》第三二七頁。

〔五一〕引文見台灣嵩高書社於民國七十四年五月出版的《文心雕龍校注拾遺》第六四頁。
〔五二〕引文見台灣嵩高書社於民國七十四年五月出版的《文心雕龍校注拾遺》第九六頁。
〔五三〕引文見台灣嵩高書社於民國七十四年五月出版的《文心雕龍校注拾遺》第一〇一頁。
〔五四〕引文見台灣嵩高書社於民國七十四年五月出版的《文心雕龍校注拾遺》第一八三頁。
〔五五〕引文見台灣嵩高書社於民國七十四年五月出版的《文心雕龍校注拾遺》第二七八頁。
〔五六〕引文見台灣嵩高書社於民國七十四年五月出版的《文心雕龍校注拾遺》第二八七頁。
〔五七〕見中華書局出版的《文心雕龍校注》第四七一頁。
〔五八〕引文見上海古籍出版社印行的《學不已齋雜著》第五四〇頁。
〔五九〕引文見上海古籍出版社印行的《學不已齋雜著》第五四一頁。
〔六〇〕引文見上海古籍出版社印行的《學不已齋雜著》第五四三頁。
〔六一〕引文見上海古籍出版社印行的《學不已齋雜著》第五四四頁。
〔六二〕引文見上海古籍出版社印行的《學不已齋雜著》第四四五頁。
〔六三〕引文見上海古籍出版社印行的《學不已齋雜著》第四四六頁。
〔六四〕以上各點見上海古籍出版社印行的《學不已齋雜著》第五四六頁至五五一頁。
〔六五〕引文見上海古籍出版社印行的《學不已齋雜著》第五五三頁。
〔六六〕引文出處同注〔六五〕。
〔六七〕引文見台灣嵩高書社於民國七十四年五月出版的《文心雕龍校注拾遺》第三八五頁。
〔六八〕引文見上海古籍出版社印行的《學不已齋雜著》第四四三頁。

〔六九〕引文見上海古籍出版社印行的《學不已齋雜著》第五一七頁。

〔七〇〕引文見上海古籍出版社印行的《學不已齋雜著》第五二〇頁。

〔七一〕引文見上海古籍出版社印行的《學不已齋雜著》第四四二頁。

〔七二〕引文出處同注〔七一〕。

〔七三〕引文見上海古籍出版社印行的《學不已齋雜著》第五〇一頁。

〔七四〕引文見上海古籍出版社印行的《學不已齋雜著》第五〇六頁。

〔七五〕引文見上海古籍出版社印行的《學不已齋雜著》第五〇七頁。

〔七六〕以上各點見上海古籍出版社印行的《學不已齋雜著》第五〇八頁至五一一頁。

〔七七〕此文見於一九九〇年六月爲「慶賀楊明照教授八十壽辰」出版的《文心同雕集》一九九頁至三〇七頁。

〔七八〕引說見台灣嵩高書社於民國七十四年五月印行的《文心雕龍校注拾遺》第六六二頁。

〔七九〕引說見楊先生在「高等院校古籍整理研究規劃會上發言」〈我是怎樣學習和研究《文心雕龍》的〉。

〔八〇〕引說出處同注〔七九〕。

〔八一〕引說出處同注〔七九〕。

〔八二〕引說出處同注〔七九〕。

〔八三〕引說出處同注〔七九〕。

〔八四〕引文見台灣嵩高書社於民國七十四年五月出版的《文心雕龍校注拾遺》第二五五頁。

〔八五〕引文見台灣嵩高書社於民國七十四年五月出版的《文心雕龍校注拾遺》第二四九頁。

〔八六〕引文見台灣嵩高書社於民國七十四年五月出版的《文心雕龍校注拾遺》第五四頁。

〔八七〕引文見台灣嵩高書社於民國七十四年五月出版的《文心雕龍校注拾遺》第七八頁。